AGITE plus I
Ausgabe Bayern

Arbeitsheft

Herausgegeben von: Sven Lorenz
    Benedikt van Vugt

Erarbeitet von: Christoph Eiber
    Johannes Klucker
    Isabelle Mayer
    Christiane Lehle
    Sven Lorenz
    Constanze Marcinowski
    Jörgen Vogel
    Benedikt van Vugt

Bildquellenverzeichnis

|fotolia.com, New York: miceking 86. |iStockphoto.com, Calgary: LeshkaSmok 5, 14, 14, 14, 14, 14, 14, 14, 14, 14, 14, 14, 14, 14, 14, 14, 14, 14, 14, 14, 14, 14, 14, 14, 14, 14, 14, 14, 14, 14, 14, 14, 14, 14, 14, 14, 14, 14, 14, 14, 14, 14, 14, 14, 14, 14, 14, 14, 14, 97, 98, 98, 98, 98.

westermann GRUPPE

© 2019 Bildungshaus Schulbuchverlage Westermann Schroedel Diesterweg Schöningh Winklers GmbH,
Georg-Westermann-Allee 66, 38104 Braunschweig
www.westermann.de

Druck A³ / Jahr 2022
Alle Drucke der Serie A sind inhaltlich unverändert.

Umschlaggestaltung: LIO Design, Braunschweig
Umschlagabbildung: © christobolo – iStockphoto.com
Illustrationen: Timo Grubing, Bochum
Druck und Bindung: Westermann Druck GmbH, Georg-Westermann-Allee 66, 38104 Braunschweig

ISBN 978-3-14-010443-2

Liebe Schülerin, lieber Schüler,

das **Arbeitsheft** zum 1. Band von **AGITE plus** bietet dir abwechslungsreiche Übungen, die die einzelnen Lektionen des Schülerbandes ergänzen. Da zu allen Aufgaben des Arbeitsheftes eine vollständige **Lösung** beiliegt, kannst du auch eigenständig damit arbeiten und deine Ergebnisse selbst kontrollieren und gegebenenfalls korrigieren.

Wie bei den Übungen im Buch ist jeweils angegeben, ob es um die Arbeit mit dem **Text** (T), mit der lateinischen **Sprache** (S) oder mit der antiken **Kultur** (K) beziehungsweise um das Training von **Methoden** (M) geht. Außerdem steht immer dabei, welche **Kompetenz** mit dieser Übung gefördert wird (z. B. „die Bedeutung lateinischer Wörter angeben", „Formen bilden" oder „Texte übersetzen").

Alle Lektionen des Arbeitsheftes (außer Lektion 1) enthalten **binnendifferenzierende Übungen**. Bei denen kannst du selbst auswählen, welche Schwierigkeitsstufe gerade die richtige für dich ist. Die einzelnen Schwierigkeitsstufen sind mit den römischen Zahlen **I**, **II** und **III** gekennzeichnet.

Wie der Schülerband, so ist auch das Arbeitsheft in **Sequenzen** von jeweils fünf Lektionen gegliedert. Am Ende jeder Sequenz des Arbeitsheftes (also zum ersten Mal nach Lektion 5) steht ein **Bewertungsbogen**. Dieser gibt dir die Gelegenheit, deine Kenntnisse und deine Kompetenzen eigenständig zu überprüfen und einzuschätzen. Das hilft dir dabei, deine Stärken und Schwächen zu erkennen. Wenn du in bestimmten Bereichen noch unsicher bist, kannst du Übungen aus dem Schülerband und dem Arbeitsheft erledigen, die genau zu dem jeweiligen Thema passen. Die rechte Spalte der Tabelle listet Übungen auf, aus denen du geeignete Aufgaben auswählen kannst. Außerdem werden die Seiten genannt, auf denen du weitere Informationen zu einem Thema bekommst. Auch vor **Schulaufgaben** können dir die Bewertungsbögen dabei helfen, dich zielgerichtet vorzubereiten. In den Bewertungsbögen werden einige **Abkürzungen** verwendet, die unten erklärt sind.

Wir wünschen dir viel Freude und viel Erfolg bei der Arbeit mit dem **AGITE-plus-Arbeitsheft**!

Die Herausgeber

Abkürzungsverzeichnis für die Selbstevaluation: „Das kann ich schon"

AH Arbeitsheft (AH1.1 bedeutet also: Übung Nr. 1 in der Arbeitsheftlektion 1)
SB Schülerband
Ü Übung (Ü4.2 bedeutet also: Übung Nr. 2 in Lektion 4)
EÜ Erste Übung (EÜ3.1 bedeutet also: Erste Übung Nr. 1 in Lektion 3)
K Kulturtext (K3 bedeutet also: Kulturtext am Beginn von Lektion 3)
L Lektionstext (L2 bedeutet also: Übersetzungstext in Lektion 2)
AD Auftaktdoppelseite am Beginn einer Sequenz (AD 1 – 5 bedeutet also: Auftaktdoppelseite zu den Lektionen 1 – 5 [S. 8/9])
GW Grundwissen (GW1 – 5 bedeutet also: Grundwissen zu den Lektionen 1 – 5 [S. 30/31])
P Plateaulektion (P1 – 5 bedeutet also: Plateaulektion nach den Lektionen 1 – 5 [S. 32 – 35])

Lektion 1

1 **Vokabelsuche** – In dem Quadrat sind 15 lateinische Vokabeln versteckt. Sie finden sich waagerecht (von links nach rechts), senkrecht (von oben nach unten) und diagonal (von oben rechts nach unten links bzw. von oben links nach unten rechts). Markiere sie jeweils und schreibe sie dann mit Übersetzung heraus.

T · S · K · M
• die Bedeutung lateinischer Wörter angeben

s	i	f	u	n	o	n	f
e	a	i	d	u	z	a	i
r	m	l	i	b	m	e	n
v	x	i	u	i	s	s	t
a	y	a	l	t	c	a	r
e	t	i	a	m	a	u	a
t	a	n	d	e	m	r	r
l	o	v	e	n	i	r	e

_____

_____

_____

_____

_____

_____

_____

_____

2 **Buchstabensalat zum Tüfteln** – Setze die Buchstaben in den Kreisen zu lateinischen Vokabeln zusammen und gib jeweils alle deutschen Bedeutungen an. Achtung! Bei b) musst du immer einen fehlenden Buchstaben ergänzen und bei c) sogar zwei.

a)

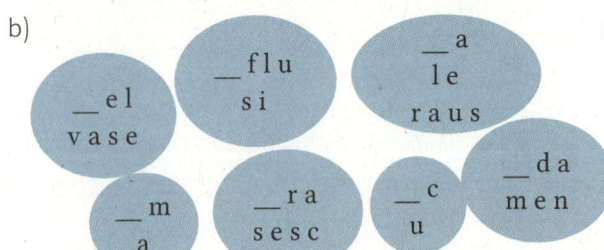

par cex tese · v ar se · paparo pen quir · ma tei · lai mifa · omi duns · repla ce

_____

_____

_____

_____

_____

b)

_el vase · _flu si · _a le raus · _m a · _ra sesc · _c u · _da men

_____

_____

_____

_____

_____

c)

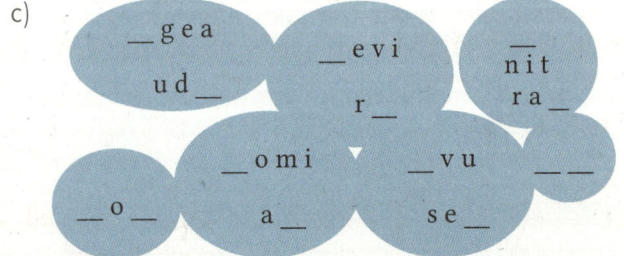

gea ud · _evi r_ · nit ra_ · _omi a_ · _vu se_ · _o_ · ___

_____

_____

_____

_____

_____

3 **Auf die Endung kommt es an.** – Ergänze zu den folgenden Substantiven und Verben die jeweils passende Endung (für jeden Strich einen Buchstaben) und gib in Klammern die Übersetzung der Form an.

domin __ (_____)　　domin __ __ (_____)

fili __ (_____)　　fili __ __ (_____)

gaude __ __ (_____)　　gaude __ (_____)

intra __ __ (_____)　　intra __ (_____)

serv __ (_____)　　serv __ __ (_____)

veni __ __ (_____)　　veni __ (_____)

4 **So viele Grammatikbegriffe!** – Weise jedem Wort in den lateinischen Sätzen die passenden Grammatikbegriffe zu, indem du die lateinischen Wörter und die Fachbegriffe mit Linien verbindest. Übersetze dann die Sätze ins Deutsche.

a-Deklination – o-Deklination – Infinitiv

Substantiv　　　　　　　3. Person
Verb　　Dominus　　Singular
　　diu
Adverb　　exspectat.　　Subjekt
Nominativ　　　　　　　Prädikat

a-Konjugation – e-Konjugation – i-Konjugation

a) _____

_____

a-Deklination – o-Deklination – Infinitiv

Substantiv　　　　　　　3. Person
Verb　　Servus　　Singular
　　venire
Adverb　　cessat.　　Subjekt
Nominativ　　　　　　　Prädikat

a-Konjugation – e-Konjugation – i-Konjugation

b) _____

_____

a-Deklination – o-Deklination – Infinitiv

Substantiv　　　　　　　3. Person
Verb　　Tandem　　Singular
　　venit.
Adverb　　　　　　　Subjekt
Nominativ　　　　　　　Prädikat

a-Konjugation – e-Konjugation – i-Konjugation

c) _____

_____

a-Deklination – o-Deklination – Infinitiv

Substantiv　　　　　　　3. Person
Verb　　Domina　　Singular
　　gaudet.
Adverb　　　　　　　Subjekt
Nominativ　　　　　　　Prädikat

a-Konjugation – e-Konjugation – i-Konjugation

d) _____

_____

5 **Lückentext** – Zu dem folgenden kurzen Text erhältst du eine deutsche Übersetzung. Allerdings fehlen sowohl im lateinischen Text als auch in der Übersetzung einige Wörter. Fülle die Lücken so aus, dass ein sinnvoller lateinischer Text mit korrekter deutscher Übersetzung entsteht.

T·S·K·M
• Sätze zusammenstellen
• Texte übersetzen

Lucius Iunius Avitus _____ ex-spectat. Ubi est _____? Ubi est serva?

Etiam Marcus filius exspectat. Cur servus non _____? Cur serva cessat _____?

Tandem serva venit et _____: „Salvete!" Etiam _____ venit. Familia gaudet.

Der Herr Lucius Iunius Avitus _____.
Wo ist der Sklave? _____ ist die Sklavin?

_____ sein Sohn Marcus wartet. Warum kommt der Sklave nicht? _____ _____ zögert die Sklavin zu kommen?

_____ kommt die Sklavin und grüßt: „_____ gegrüßt!" Auch der Sklave kommt. Die Familie _____.

6 **Wohin mit den Verben?** – Setze die in Klammern stehenden Verben an den richtigen Stellen in die Sätze ein und übersetze den Text. Achte besonders darauf, an welche Stellen die Infinitive passen. Unterstreiche die eingesetzten Infinitive farbig und markiere jeweils, von welchem Verb sie abhängig sind.

1. Filius exspectat: „Ubi _____ servus? Cur _____? Cur cessat _____?" (cessat – est – venire)

   _____

   _____

2. Etiam filia _____: „Cur servus non _____? Non placet _____." (exspectare – exspectat – venit)

   _____

   _____

3. Tandem servus _____. Sed[1] diu _____. Non placet _____. Non intrat. (appropinquat – cessat – intrare)   [1] **sed** aber

   _____

   _____

4. Filia non cessat _____: „Salve!" Servus gaudet. Iam _____ et _____: „Salvete!". (intrat – salutare – salutat)

   _____

   _____

7 **Familienangelegenheiten** – Entscheide, ob die folgenden Aussagen zur römischen Familie richtig oder falsch sind. Berichtige die falschen Aussagen.

a) In einer römischen Familie lebten normalerweise nur Vater, Mutter, die Kinder und die Großeltern zusammen.

☐ richtig ☐ falsch

_____

_____

b) Dem Vater gehörte der Besitz der Familie, doch die Mutter war das Familienoberhaupt.

☐ richtig ☐ falsch

_____

_____

c) Die Mutter war für den Haushalt zuständig.

☐ richtig ☐ falsch

_____

_____

d) Oft wurden die Kinder einer Familie von Sklaven unterrichtet.

☐ richtig ☐ falsch

_____

_____

e) Die Römer hatten normalerweise drei Namen.

☐ richtig ☐ falsch

_____

_____

f) Den Vornamen bezeichnete man als **praenomen**, den Familiennamen als **nomen gentile**.

☐ richtig ☐ falsch

_____

_____

g) Der Beiname des **Lucius Iunius Avitus** lautet **Iunius**.

☐ richtig ☐ falsch

_____

_____

h) Die Tochter des **Lucius Iunius Avitus** trägt den Namen **Lucia**, also die weibliche Form des Vornamens ihres Vaters.

☐ richtig ☐ falsch

_____

_____

Lektion 2

1 **Kleine Wörter** – In dem Quadrat sind mindestens 15 „kleine" lateinische Wörter versteckt. Sie finden sich waagerecht (von links nach rechts) und senkrecht (von oben nach unten). Markiere sie jeweils und schreibe sie dann mit Übersetzung heraus.

U	S	T	A	N	D	E	M
R	U	D	S	E	H	I	C
I	B	I	E	T	U	B	I
A	I	U	C	I	C	O	L
M	T	H	C	A	P	K	N
T	O	C	E	M	N	S	T
V	Q	U	I	D	O	E	U
B	I	R	E	X	N	D	M

_____

_____

_____

_____

_____

_____

_____

_____

2 **Ungeduldige Herrschaften** – Weise den Satzanfängen die passenden Verben zu, sodass eine sinnvolle kurze Handlung entsteht. Übersetze dann den Text.

a)	Servi	ambulant.
b)	Subito dominus	exspectat.
c)	„Ubi servi	gaudet.
d)	Tum	non laborant?"
e)	„Cur servi	properant.
f)	Statim servi	rogat:
g)	Etiam domina	sunt?"
h)	Tandem servae	veniunt.
i)	Domina	vocat:

a) _____

b) _____

c) _____

d) _____

e) _____

f) _____

g) _____

h) _____

i) _____

3 **Binnendifferenzierende Aufgabe:** Bei dieser Aufgabe geht es darum, dass du herausfindest, in welchen Bereichen du zusätzliche Übungen benötigst. Beginne mit Aufgabe **I** und entscheide danach, ob du Aufgabe **II** oder **III** machen solltest.

T · S · K · M
• Lernprozesse ordnen

I: Ergänze die lateinischen Verbformen (die Anzahl der fehlenden Buchstaben ist jeweils vorgegeben) und übersetze sie. Verbessere die Aufgabe danach mithilfe des Lösungsteils. Wenn du eine Form korrekt gebildet und übersetzt hast, kreuze „richtig" an. Wenn nicht, dann analysiere deine Fehler: Kreuze an, ob du mit dem Erkennen und Bilden der lateinischen Formen Probleme hattest oder ob du einen Fehler gemacht hast, weil du die Vokabeln nicht genau genug gelernt hattest. Erledige dann die für dich passende Wiederholungsaufgabe **II** (Verbformen bilden) oder **III** (Vokabeln erkennen).

• Formen bilden
• die Bedeutung lateinischer Wörter angeben
• eigene Fehler analysieren

Verbform	Übersetzung	richtig	Verbform falsch erkannt/gebildet	Vokabel nicht sicher beherrscht
place __ e		☐	☐	☐
appropinquan _		☐	☐	☐
rid __ t		☐	☐	☐
ven __ __ __ t		☐	☐	☐
voc __ n __		☐	☐	☐
explic __ r __		☐	☐	☐
gaud __ __ t		☐	☐	☐

II: Ergänze zunächst die Verbformen im linken Kasten mit den vorgegebenen Ausgängen. Zu den Verbformen im rechten Kasten gibt es keine vorgegebenen Ausgänge. Ergänze diese Formen selbstständig.

• Formen bilden

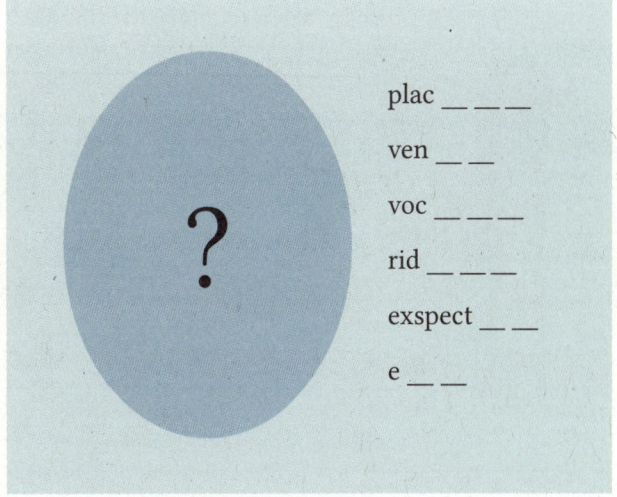

-et
-iunt
-at -ant
-ere
-nt

appropinqu __ __
gaud __ __ __
dorm __ __ __ __
su __ __
explic __ __ __
respond __ __

?

plac __ __ __
ven __ __
voc __ __ __
rid __ __ __
exspect __ __
e __ __

9

III: Zum Wiederholen lateinischer Vokabeln kann es nützlich sein, diese nach ihrer Bedeutung verschiedenen Oberbegriffen („Wortfeldern") zuzuordnen. Trenne die folgenden Infinitive voneinander und unterscheide zwischen Verben, die eine sprachliche Äußerung bezeichnen, Verben, die eine Bewegung ausdrücken, und Verben, die ein Gefühl beschreiben. Trage die Infinitive jeweils mit einer deutschen Übersetzung in die Tabelle ein.

• Vokabeln nach Wortfeldern ordnen

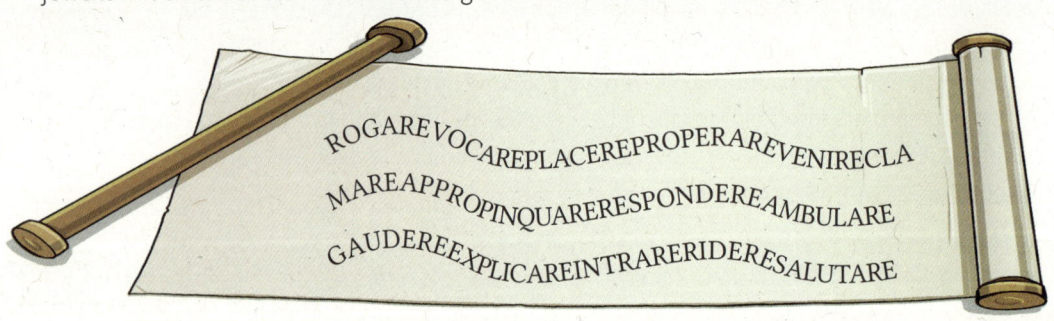

ROGAREVOCAREPLACEREPROPERAREVENIRECLA
MAREAPPROPINQUARERESPONDEREAMBULARE
GAUDEREEXPLICAREINTRARERIDERESALUTARE

Sprachliche Äußerung	Bewegung	Gefühl

4   **Der Zahn der Zeit** – Diese alte Handschrift ist leider nicht mehr ganz vollständig erhalten. Ergänze die fehlenden Buchstaben und übersetze dann den Text.

T · S · K · M
• Formen bilden
• Sätze zusammenstellen
• Texte übersetzen

Eutychus rog __ __: „Quid ibi es __?" Davus serv __ __ respond __ __: „Hic hort __ __ es __. Ibi serv __ et serv __ __ labor __ __ __." Tum voc __ __: „Ecce! Ibi Marc __ __ et Iuni __ ven __ __ __ __." Fili __ __ et fili __ appropinqu __ __ __ et salut __ __ __: „Salv __ __ __!" Etiam Eutychus salut __ __: „Salv __ __ __!" Serv __ __ gaud __ __: „Domin __ __ et domin __ mihi[1] plac __ __ __."

[1] **mihi** mir

_____

_____

_____

_____

_____

Lektion 3

T · S · K · M
• sprachliche Erschei-
nungen in das System der
Grammatik einordnen

1 **Vorsicht Falle!** – Welches Wort passt grammatisch nicht in die Reihe? Begründe deine Wahl.

a) templa – monumenta – statua – aedificia – consilia _____

_____

b) servum – vinum – hortum – dominum – cibum _____

_____

c) domina – serva – filia – toga – fora _____

_____

d) iam – curiam – etiam – nam – statim _____

_____

2 **Viele Fälle** – Ergänze die jeweils fehlenden Formen:

T · S · K · M
• Formen bilden

Nominativ Singular	Akkusativ Singular	Nominativ Plural	Akkusativ Plural
domina			
	forum		
		cibi	
			templa
		tabernae	
filius			

3 **Binnendifferenzierende Aufgabe:** In dieser Übung sollst du Satzglieder unterscheiden und selbst bilden. Beginne mit Aufgabe **I**. Wenn du die Satzglieder dort sicher unterscheiden kannst, erledige sofort Aufgabe **III**. Wenn du in Aufgabe **I** noch nicht ganz sicher warst, erledige zuerst Aufgabe **II**, dann **III**.

T · S · K · M
• Lernprozesse ordnen

I: Unterstreiche in den folgenden Sätzen jeweils das Prädikat rot, das Subjekt blau und das Akkusativobjekt grün. Übersetze dann die Sätze:

• Erscheinungen der
Satzlehre unterscheiden
• Übersetzungstechniken
anwenden
• Texte übersetzen

a) Amici forum intrant. _____

b) Marcus aedificia spectat et explicat: _____

c) „Basilicam servi aedificant. _____

d) Statuas portant." _____

e) Amici servos et statuas vident. _____

f) Servi amicos salutant. _____

II: Ergänze die fehlenden Endungen der Prädikate und übersetze:

• Formen bilden
• Sätze zusammenstellen
• Texte übersetzen

a) Amici aedificia specta_____. – _____

b) Servi basilicam aedifica_____. – _____

c) Forum amicos delecta_____. – _____

d) Subito amici Marcum audi_____. – _____

e) Marcus clama_____ et appropinqua_____. – _____

f) Marcus amicos saluta_____. – _____

g) Tum Marcus et amici tabernam intra_____. – _____

III: Es geht auch umgekehrt. – Übersetze und verwandle die Sätze so, dass das Akkusativ-Objekt zum Subjekt des neuen Satzes wird. Beispiel:
Servi dominum salutant. – Die Sklaven grüßen ihren Herrn. → Dominus servos salutat. – Der Herr grüßt seine Sklaven.

• Erscheinungen der Satzlehre unterscheiden
• Sätze zusammenstellen
• Texte übersetzen

a) Marcus amicos vocat. – _____

→ _____

b) Domina servas exspectat. – _____

→ _____

c) Amici Marcum vident. – _____

→ _____

d) Servae dominam rogant. – _____

→ _____

e) Filius amicos audit. – _____

→ _____

4 **a) Was gehört zum Forum?** – Wähle die Substantive aus, die typische Bestandteile eines römischen Forums bezeichnen, und trage sie an der entsprechenden Stelle der Zeichnung ein. Einige Wörter kommen mehrfach vor.

T • S • K • M
• die Bedeutung lateinischer Wörter angeben
• Merkmale der Topografie Roms erkennen und benennen

> basilica – cibus – consilium – curia – frumentum – hortus – monumentum – statua –
> tabula – templum – toga – vinum

b) Bilde nun kurze Sätze, die von dem Leben auf dem Forum berichten. Verwende dabei unter anderem die oben stehenden Substantive als Subjekte oder Akkusativobjekte. Als Prädikate können dir zum Beispiel die folgenden Verben dienen. Falls du willst, kannst du noch weitere Vokabeln verwenden. Lass dann deine Mitschüler die von dir gebildeten Sätze übersetzen.

T • S • K • M
• Sätze zusammenstellen

> aedificat/aedificant – delectat/delectant – est/sunt – explicat/explicant –
> spectat/spectant – videt/vident – visitat/visitant

_____

_____

_____

_____

_____

_____

_____

Lektion 4

1 **Knifflig!** – Würfelspiele waren schon bei den Römern sehr beliebt.

Spiel 1: Der erste Wurf gibt das Verb an, der zweite die Person und den Numerus:

1. Wurf			
⚀	sedere	⚄	audire
⚁	visitare	⚄	amare
⚂	dormire	⚅	tacere

2. Wurf			
⚀	1. Pers. Sg.	⚃	1. Pers. Pl.
⚁	2. Pers. Sg.	⚄	2. Pers. Pl.
⚂	3. Pers. Sg.	⚅	3. Pers. Pl.

Würfelst du beispielsweise , musst du die Form „**sedet**: er, sie, es sitzt" bilden. Bilde und übersetze schriftlich die Verbformen, die du bei folgenden Kombinationen erhältst:

a) _____

b) _____

c) _____

d) _____

e) _____

f) _____

Nimm dann selbst zwei Würfel und bilde mit ihnen mindestens sechs neue Kombinationen.

Spiel 2: Mit dem ersten Wurf ermittelst du das Substantiv, mit dem zweiten Kasus und Numerus:

1. Wurf			
⚀	aedificium	⚄	taberna
⚁	bestia	⚄	ludus
⚂	populus	⚅	spectaculum

2. Wurf			
⚀	Würfle noch einmal!	⚃	Nom. Pl.
⚁	Dat. Sg.	⚄	Dat. Pl.
⚂	Akk. Sg.	⚅	Akk. Pl.

Würfelst du beispielsweise , musst du die Form „**bestiam**: das (wilde) Tier" bilden. Bilde und übersetze schriftlich die Substantivformen, die du bei folgenden Kombinationen erhältst:

a) _____

b) _____

c) _____

d) _____

e) _____

f) _____

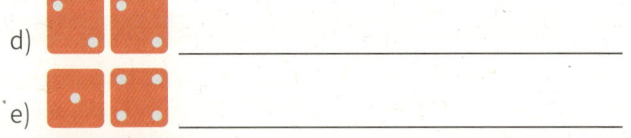

Nimm dann selbst zwei Würfel und bilde mit ihnen mindestens sechs neue Kombinationen.

2 **Binnendifferenzierende Aufgabe:** In Übung **II** musst du Verben und Substantive bestimmen und übersetzen. Wenn du die Verb- und Substantivformen schon sicher beherrschst, erledige sofort **II** und danach die anspruchsvollere Aufgabe **III**. Wenn du aber bei der Formenbildung noch unsicher bist, dann erledige vor **II** zunächst die einfachere Übung **I**.

T · S · K · M
• Lernprozesse ordnen

I: Aeolus, der Gott der Winde, hat unter den folgenden Verben und Substantiven ein großes Durcheinander angerichtet. Trage die Wörter in die richtige Spalte ein und bestimme sie dann genau: Gib zu den Verben die Person und den Numerus und zu den Substantiven den Kasus, den Numerus und das Genus an.

• Wörter grammatikalischen Kategorien zuweisen
• Formen analysieren und bestimmen

> exspectas – filias – populis – probatis – dormio – domino – bestias – portas – spectatis – spectaculis – populo – placeo – aedificatis – aedificiis

Verb	Substantiv
exspectas: 2. Pers. Sg. von exspectare, warten, erwarten	filias: Akk. Pl. fem. von filia, die Tochter

II: Das vom Wind verwehte Laub hat in den folgenden Sätzen leider einige Endungen verdeckt. Ergänze sie und übersetze anschließend die Sätze.

• Formen bilden
• Texte übersetzen

a) Dav et Eutych amic non placet laborare.

_____

_____

b) Itaque servi amphitheatr appropinqua .

_____

_____

c) Nam spectacula Dav___ serv___ place___ ___.

_____

_____

d) Subito Davus amic___ ___ roga___: „Cur tace___? Cur non clama___?"

_____

_____

e) Eutychus responde___: „Non clam___. Stupe___: Ecce! Ibi dominus et domina

veni___ ___ ___. Domin___ et domin___ ___ ludi placent."

_____

_____

III: Setze in den folgenden Sätzen alle Wörter – soweit möglich bzw. sinnvoll – vom Singular in den Plural und umgekehrt. Übersetze anschließend.

- Erscheinungen der Satzlehre unterscheiden
- Formen und Wendungen bilden
- Texte übersetzen

a) Serva servum rogat: „Cur cessas laborare? Domino non placet diu exspectare. Cur rides?"

_____

_____

Übersetzung: _____

_____

_____

b) Servus: „Gaudeo, nam amphitheatrum visito. Ibi bestiarii[1] pugnant et bestias necant."

_____

_____

Übersetzung: _____

_____

_____

c) Servus certe ludos valde amat. Etiam dominus spectaculum amat.

_____

_____

Übersetzung: _____

_____

_____

d) Spectaculum domino et servo placet.

_____

_____

Übersetzung: _____

_____

_____

¹ **bestiarius** der Tierkämpfer

3 **Wer nähert sich wem?** – Arbeitet zunächst allein und dann in Gruppen: Ergänzt die Sätze durch Dativobjekte. Wählt dazu aus der Liste zu jedem Satz drei inhaltlich passende Substantive aus und setzt sie in den Dativ Singular und, wenn es passt, Plural: Dann trägt immer ein Mitglied der Gruppe einen neu gebildeten Satz den anderen vor, die den Satz übersetzen.

T · **S** · K · M
• Formen bilden
• Sätze zusammenstellen

> amicus – amphitheatrum – curia – familia – filia – ~~monumentum~~ – populus – templum

a) Servi _monumento/monumentis/_ _____

appropinquant. – _Die Sklaven_ _____

_____

b) Dominus _____

consilia explicat. _____

_____

4 **Was gehört zusammen?** – Verbinde sinnvoll durch Linien.

T · S · **K** · M
• Merkmale der Topografie Roms erkennen und benennen
• römisches Alltags- und Privatleben beschreiben und erklären

thermae	In diesen mehrstöckigen Mietshäusern gab es kein Bad.
amphitheatrum	Dies war der Austragungsort von aufregenden Wagenrennen.
Capitolium	Hier konnte man nicht nur baden, sondern beispielsweise auch zum Friseur gehen.
insulae	Dies war der bedeutendste Marktplatz in Rom.
Circus Maximus	Hier fanden Tierhetzen und Gladiatorenkämpfe statt.
Forum Romanum	Dies war der berühmteste der sieben Hügel Roms.

Lektion 5

1 **Vorsicht Falle!** – Welches Wort passt grammatisch nicht in die Reihe? Begründe deine Entscheidung.

T · S · K · M
• sprachliche Erscheinungen in das System der Grammatik einordnen

a) amicus – amamus – deus – cibus – ludus   _____

_____

b) bestiis – templis – imprimis – foris – consiliis   _____

_____

c) dare – scire – serve – cenare – servare   _____

_____

d) curo – amphitheatro – horto – vino – monumento   _____

_____

e) deas – turbas – aras – hostias – sacrificas   _____

_____

2 **Stück für Stück** – Ergänze in der folgenden Tabelle die fehlenden Formen.

T · S · K · M
• Formen bilden

Infinitiv	Präsensstamm	Imperativ Singular	Imperativ Plural
apparere			
	labora-		
		stupe!	
			convenite!
tacere			
	dormi-		
		exspecta!	
			gaudete!

3 **Binnendifferenzierende Aufgabe:** In der Übung **II** sollst du Formen – vor allem den Imperativ und den Vokativ – richtig zuordnen. Wenn du die verschiedenen Formen im Lateinischen schon sicher beherrschst, beginne direkt mit dieser Aufgabe und erledige danach die kompliziertere Aufgabe **III**. Wenn du bei den Formen noch unsicher bist, erledige zunächst die einfachere Vorübung **I**.

T · S · K · M
• Lernprozesse ordnen

I: Nenne zu den folgenden Formen jeweils die Lernform, d. h. bei Verben den Infinitiv und bei Substantiven den Nominativ Singular. Gib dazu auch eine deutsche Bedeutung an.

• Wörter grammatikalischen Kategorien zuweisen

> spectaculo – amice – venis – spectatis – intrate – aedificia – audite – deo – do –
> ridemus – pugnate – fili – voca – monumenta

_____

_____

_____

_____

_____

_____

II: Substantiv oder Verb? Ordne die folgenden Formen in die richtige Spalte der Tabelle ein und bestimme sie genau. Achtung, es haben sich schon einige Adverbien daruntergemischt.

• Formen analysieren und bestimmen
• Wörter grammatikalischen Kategorien zuweisen

> ~~spectacula~~ – amice – certe – Luci – voco – specta – aedificia – intrate – saepe –
> audi – ibi – das – deas – diu – Eutyche – ride – valde – pugnatis – imprimis –
> monumento – subito

Substantiv	Verb	Adverb
spectacula – Nom./Akk. Pl. n. von _spectaculum_		

III: Vervollständige den Text, indem du die folgenden Formen an den passenden Stellen einsetzt. Übersetze dann.

• Sätze zusammenstellen
• Texte übersetzen

amice – audi – Eutyche – ibi – Luci – ride – specta – spectacula – templa – valde – veni

Davus et Eutychus amphitheatrum visitant. Davus: „_____ bestias,

_____!" Subito Lucium amicum videt et clamat: „_____,

_____!" Eutychus autem tacet. Davus: „_____,

_____! Spectaculum mihi[1] _____ placet."

[1] **mihi** mir

Eutychus autem: „_____ non amo. Cur non _____ visitamus?"

Tandem servi Capitolium visitant. _____ monumenta spectant et gaudent.

Davus: „_____, nunc aedificia tibi[2] explico!"

[2] **tibi** dir

_____

_____

_____

_____

_____

_____

_____

_____

_____

_____

_____

_____

_____

_____

_____

_____

_____

_____

_____

_____

4 **Da fehlt noch was** – Setze bei den folgenden Sätzen das passende Satzzeichen, bestimme die Satzart und übersetze.

a) Cur populus convenit__ _____

_____

_____

b) Romani deis dona dant__ _____

_____

_____

c) Specta aram, Eutyche___ _____

_____

_____

d) Ibi sacerdos[1] sacrificat__ _____

_____

_____

[1] **sacerdos** der Priester

e) Cur servi cessant__ _____

_____

_____

f) Appropinquate et apportate hostias__ _____

_____

_____

g) Tum populus clamat__ _____

_____

_____

h) Prohibete pericula, dei__ _____

_____

_____

i) Ubi servi nunc sunt__ _____

_____

_____

Das kann ich schon!

Mit diesem Testbogen kannst du selbst prüfen, wie gut du den Stoff aus den Lektionen 1 – 5 anwenden kannst. Kreuze zunächst an, wie sicher du nach deiner eigenen Einschätzung mit den einzelnen Inhalten aus den Lektionen 1 – 5 umgehen kannst. Wenn du in einem Bereich noch nicht sicher bist, beachte die Angaben in der rechten Spalte. Dort erfährst du, wo es geeignete Übungen zum Thema gibt und weitere Informationen geboten werden. **Eine Übersicht über die Abkürzungen findest du auf Seite 3.**
Außerdem weist die linke Spalte dich darauf hin, in welcher Lektion ein Thema aus der Sprache oder Kultur neu eingeführt oder schwerpunktmäßig behandelt wird.

Arbeit mit lateinischen Texten und der lateinischen Sprache

Lektionen	meine Kompetenzen	sicher	teilweise sicher	nicht sicher	weitere Informationen/ geeignete Übungen (Auswahl)
	Texte				
	Ich kann lateinische Texte ins Deutsche übersetzen.	☐	☐	☐	**SB** alle L-Texte; Ü1.4, Ü1.6, Ü1.7, Ü2.6, Ü3.3, Ü4.3, P1 – 5 (S. 34/35) **AH** 1.4, 1.5, 1.6, 2.2, 2.4, 3.3, 4.2 (II, III), 5.3 (III), 5.4
	Ich kann die Inhalte von Texten verstehen und wiedergeben.	☐	☐	☐	**SB** Ü1.1, Ü1.2, Ü2.2, Ü3.1, Ü4.1, Ü5.1, Ü5.2
	Wortschatz				
	Ich kann zu den bisher gelernten lateinischen Vokabeln die deutschen Bedeutungen angeben.	☐	☐	☐	**SB** alle W-Teile, P1 – 5 (S. 35) **AH** 1.1, 1.2, 2.1, 2.3 (I, III), 3.4
	Ich kann die Vokabeln nach Wortarten (Substantiv, Verb, Adverb) ordnen.	☐	☐	☐	**SB** Ü1.8, Ü2.1, EÜ4.3, Ü4.2, Ü4.4, Ü5.4, P1 – 5 (S. 32) **AH** 1.4, 3.1, 4.2 (I), 5.1, 5.3 (I, II)
	Ich kann Vokabeln nach Wort- und Sachfeldern ordnen.	☐	☐	☐	**SB** Ü5.1 **AH** 2.3 (III)
	Ich kann die Verwandtschaft zwischen deutschen und lateinischen Wörtern erkennen und die Bedeutung deutscher Lehn- und Fremdwörter erschließen.	☐	☐	☐	**SB** Ü2.7, Ü3.4, Ü3.5, Ü5.8
	Grammatik: Formenlehre				
1	Ich kann die Infinitive von Verben der a-, e- und i-Konjugation erkennen und bilden.	☐	☐	☐	**SB** EÜ1.1, Ü1.3, Ü1.5, Ü1.7, Ü2.3, Ü4.4 **AH** 1.3, 1.6, 2.3 (I, II), 5.2
1, 2	Ich kann die Formen der 3. Person Singular und Plural von Verben der a-, e- und i-Konjugation erkennen und bilden.	☐	☐	☐	**SB** EÜ1.2, Ü1.5, Ü1.6, Ü1.7, EÜ 2.2, Ü2.3, Ü2.4, Ü2.5, P1 – 5 (S. 32) **AH** 1.3, 1.4, 1.6, 2.3 (I, II), 2.4, 3.3, 4.1, 4.2 (II, III)

Lektionen	meine Kompetenzen	sicher	teilweise sicher	nicht sicher	weitere Informationen/ geeignete Übungen (Auswahl)
4	Ich kann die Formen der 1. und 2. Person Singular und Plural von Verben der a-, e- und i-Konjugation erkennen und bilden.	☐	☐	☐	SB EÜ4.2, EÜ4.3, Ü4.2, Ü4.4, P1–5 (S. 32) AH 4.1, 4.2, 5.3 (II)
5	Ich kann die Formen des Imperativ Singular und Plural von Verben der a-, e- und i-Konjugation erkennen und bilden.	☐	☐	☐	SB EÜ5.1, EÜ5.3, Ü5.3, Ü5.4, Ü5.5, P1–5 (S. 32) AH 5.2, 5.3
1, 2, 3	Ich kann die Formen des Nominativ Singular und Plural von Substantiven der a- und o-Deklination erkennen und bilden.	☐	☐	☐	SB EÜ1.3, Ü1.3, Ü1.6, EÜ2.1, EÜ2.2, Ü2.5, EÜ3.2, Ü3.2, Ü3.3, Ü4.2, Ü5.4, Ü5.6, P1–5 (S. 32) AH 1.3, 1.4, 2.4, 3.1, 3.2, 3.3, 4.1, 4.2 (III), 5.3 (I)
3	Ich kann die Formen des Akkusativ Singular und Plural von Substantiven der a- und o-Deklination erkennen und bilden.	☐	☐	☐	SB EÜ3.1, EÜ3.2, Ü3.2, Ü3.3, Ü4.2, Ü4.3, Ü5.6, P1–5 (S. 32) AH 3.1, 3.2, 3.3, 3.4, 4.1, 4.2
4	Ich kann die Formen des Dativ Singular und Plural von Substantiven der a- und o-Deklination erkennen und bilden.	☐	☐	☐	SB EÜ4.1, EÜ4.3, Ü4.2, Ü4.3, P1–5 (S. 32) AH 4.1, 4.2, 4.3
5	Ich kann die Formen des Vokativ Singular und Plural von Substantiven der a- und o-Deklination erkennen und bilden.	☐	☐	☐	SB EÜ5.2, EÜ5.3, Ü5.3, Ü5.4, Ü5.5, P1–5 (S. 32) AH 5.3
Grammatik: Satzlehre					
1, 2, 3, 4	Ich kann Zusammenhänge in Sätzen erkennen (Kongruenz) und Satzglieder bestimmen (Subjekt, Objekt, Prädikat).	☐	☐	☐	SB EÜ2.2, Ü5.6, P1–5 (S. 34/35) AH 1.4, 3.3, 4.2 (II, III)
5	Ich kann verschiedene Modi (Indikativ, Imperativ) und Satzarten (Aussage-, Frage-, Aufforderungssatz) unterscheiden.	☐	☐	☐	SB Ü5.5 AH 5.4
	Ich kann lateinische Wortverbindungen und Sätze zusammenstellen.	☐	☐	☐	SB alle deutsch-lateinischen Übersetzungstexte (S. 122/123); Ü1.1, Ü1.6, Ü1.7, EÜ2.2, Ü2.2, Ü3.1, Ü3.3, Ü4.3, Ü5.5 AH 1.5, 1.6, 2.2, 2.4, 3.3 (II, III), 3.4, 4.3, 5.3 (III)
Methodik					
	Ich kann einzelne Inhalte von lateinischen Texten (auch ohne genaue Übersetzung) herausarbeiten.	☐	☐	☐	SB Ü3.1, Ü4.1

Lektionen	meine Kompetenzen	sicher	teilweise sicher	nicht sicher	weitere Informationen/ geeignete Übungen (Auswahl)
	Ich kann bei der Bearbeitung binnen-differenzierender Aufgaben feststellen, in welchen Bereichen ich noch zusätzlich üben muss.	☐	☐	☐	**SB** Ü3.2, P1 – 5 (S. 32) **AH** 2.3, 3.3, 4.2, 5.3
	Ich kann beim Übersetzen von Texten geeignete Methoden anwenden (z. B. Unterscheidung von Teilsätzen, zunächst Übersetzung von Prädikat und Subjekt oder das Abfragen der einzelnen Satzglieder).	☐	☐	☐	**SB** P1 – 5 (S. 34/35) **AH** 3.3 (I)
	Ich kann verschiedene Hilfsmittel zum Recherchieren nutzen.	☐	☐	☐	**SB** Ü4.6, K5 (mit Arbeitsauftrag), Ü5.7
	Ich kann Arbeitsergebnisse auf verschiedene Weisen präsentieren.	☐	☐	☐	**SB** Ü4.6

Arbeit mit der antiken Kultur (vgl. auch die Grundwissensseiten 30/31)

Lektionen	meine Kompetenzen	sicher	teilweise sicher	nicht sicher	weitere Informationen/ geeignete Übungen (Auswahl)
1	Ich kann die römische Familie beschreiben (Namen, Kleidung, Rolle der Sklaven).	☐	☐	☐	**SB** AD 1 – 5 (mit Arbeitsaufträgen S. 8), K1 (mit Arbeitsauftrag), L1 **AH** 1.7
2	Ich kann das Privatleben in römischen Häusern beschreiben (Verwendung von Schreibmaterialien, Zeitmessung) und einige Merkmale römischer Architektur erkennen.	☐	☐	☐	**SB** K2 (mit Arbeitsauftrag), L2, Ü2.2, Ü2.8
3	Ich kann wichtige Orte und Gebäude im alten Rom erkennen und beschreiben (Forum Romanum, Via Sacra, Kurie, Konstantinsbogen, Kapitol, Palatin, Circus Maximus, Amphitheater).	☐	☐	☐	**SB** AD 1 – 5 (mit Arbeitsauftrag S. 9), K3 (mit Arbeitsauftrag), L3, Ü3.4, K4 (mit Arbeitsaufträgen), Ü4.6, K5 (mit Arbeitsaufträgen), P1 – 5 (mit Arbeitsauftrag S. 33) **AH** 3.4, 4.4
4	Ich kann verschiedene Möglichkeiten der Freizeitgestaltung im alten Rom beschreiben (Gladiatorenkämpfe, Zirkusspiele, Thermen).	☐	☐	☐	**SB** K4 (mit Arbeitsaufträgen), L4, Ü4.5, Ü4.6 **AH** 4.4
5	Ich kann wichtige Merkmale der römischen Religion beschreiben und erklären (Opfer, „Do, ut des").	☐	☐	☐	**SB** K3, K5, L5, Ü5.2
5	Ich kann wichtige griechische und römische Gottheiten erkennen und angeben, wofür sie zuständig waren (Jupiter, Juno, Minerva).	☐	☐	☐	**SB** K5, L5, Ü5.7

Lektion 6

T • S • K • M
sprachliche Escheinungen in das System der Grammatik einordnen

1 **Vorsicht Falle!** – Welches Wort passt grammatisch nicht in die Reihe? Begründe deine Wahl.

a) fori – amici – veni – dei

_____

_____

b) ciborum – templorum – forum – amicorum

_____

_____

c) scis – servis – statuis – spectaculis

_____

_____

d) puellarum – bestiarum – portarum – simulacrum

_____

_____

2 **Wechselspiel** – Wechsle jeweils vom Singular in den Plural (und umgekehrt) und übersetze dann die neu gebildeten Wendungen.

T • S • K • M
Formen bilden

a) adversarius monstri _____

_____

b) porta villae _____

_____

c) dominus et domina umbrarum _____

_____

d) negotium dominorum _____

_____

e) filius dei _____

_____

Diskutiere dann mit deinem Banknachbarn, ob jeweils die hier stehenden oder die von dir gebildeten Wendungen besser in die Geschichte von Herkules und Cerberus passen.

3 **esse zum Quadrat** – In dem Quadrat sind sieben Formen des Verbs **esse** versteckt. Sie finden sich waagerecht (von links nach rechts) und senkrecht (von oben nach unten). Jedes Buchstabenkästchen darf nur einmal verwendet werden. Markiere die Formen und schreibe sie dann mit Übersetzung heraus.

T · S · K · M
• Formen analysieren

o	s	u	n	t	a	g
e	b	e	a	s	u	m
s	u	s	r	o	l	f
t	n	s	t	e	i	s
i	t	e	u	s	n	e
s	u	n	i	t	a	s
p	s	u	m	u	s	i

Form von esse

_____

_____

_____

_____

_____

_____

_____

Übersetzung

_____

_____

_____

_____

_____

_____

_____

4 **Binnendifferenzierende Aufgabe:** In Aufgabe **II** musst du Substantive in allen bisher bekannten Kasus im Singular und Plural ergänzen. Wenn du die Deklination der Substantive schon sicher beherrschst, erledige sofort Aufgabe **II** und versuche dich danach an der komplizierteren Aufgabe **III**. Wenn du dich mit den Substantiven noch unsicher fühlst, dann erledige vor **II** zunächst die einfachere Vorübung **I**.

T · S · K · M
• Lernprozesse ordnen

I: Ordne die Substantive an den richtigen Stellen in der Tabelle ein. Achtung! Bei manchen Formen sind mehrere Lösungen möglich.

• Wörter grammatikalischen Kategorien zuweisen

adversarios – aedificium (2) – ararum – cibum – domini (2) – dona (2) – feminam – filiis (2) – hostiae (3) – monstrorum – populus – Romanorum – sacrificio – servo – statuas – umbra – verbi – vinis

	a-Deklination	o-Deklination	
		masculinum	neutrum
Nom. Sg.			
Gen. Sg.			
Dat. Sg.			
Akk. Sg.			
Nom. Pl.			
Gen. Pl.			
Dat. Pl.			
Akk. Pl.			

II: Kasus-Wechsel – Vervollständige die Tabelle.

• Formen bilden

Nom. Sg.	Gen. Sg.	Dat. Sg.	Akk. Sg.	Nom. Pl.	Gen. Pl.	Dat. Pl.	Akk. Pl.
ludus							
	deae						
		foro					
			negotium				
				filiae			
					hortorum		
						portis	
							consilia

III: Setze korrekt gebildete Substantive zusammen, indem du aus jeder Gruppe einen Bestandteil übernimmst. Bilde dann zu diesen Substantiven den Nominativ Singular und übersetze ihn.

• Formen bilden

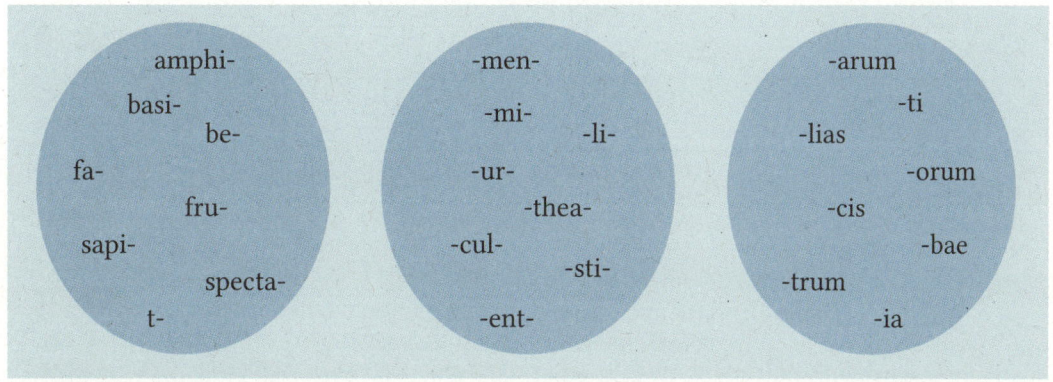

amphi- basi- be- fa- fru- sapi- specta- t-

-men- -mi- -li- -ur- -thea- -cul- -sti- -ent-

-arum -ti -lias -orum -cis -bae -trum -ia

Substantiv	Nominativ Sg.	Übersetzung

5 **Hier ist einiges durcheinandergeraten.** – Ordne die Aussagen den Namen richtig zu und übersetze sie dann.

> … filia Calpurniae est.   … adversarius Cerberi est.
> … domina Cynthiae est.   … dea sapientiae est.
> … filius Calpurniae est.   … servus Iunii est.

a) Minerva _____

_____

b) Eutychus _____

_____

c) Iunia _____

_____

d) Hercules _____

_____

e) Calpurnia _____

_____

f) Marcus _____

_____

6 **Worum geht es?** – Versuche die Geschichte, die der Lehrer Probus erzählt, zu verstehen, ohne den Text zu übersetzen. Beachte vor allem die fettgedruckten Wörter, und notiere die wichtigsten Inhalte in Stichpunkten. (Wenn ihr die Aufgabe zu zweit erledigt, kann einer von euch dem anderen den Text auch vorlesen und dabei die fettgedruckten Wörter besonders betonen. Der andere versucht dann, möglichst viel über den Inhalt des Textes zu verstehen, ohne ins Arbeitsheft zu schauen.)

Probus: „**Dominus imperat**: ‚Supera monstra, Hercules! **Neca Hydram** monstrum!‘ **Hercules**, ut certe scitis, **pericula non timet**; itaque domino respondet: ‚Pericula non timeo, adversarios non timeo, monstra non timeo.‘ Filius dei **Hydrae appropinquat** et **monstrum superat**. Paulo post **dominus vocat**: ‚Apporta Cerberum, monstrum Tartari!‘ **Hercules** pericula Tartari non timet, sed verbis domini **paret**: **Cerberum monstrum superat** et apportat et **domino dat. Dominus** autem stupet, nam **valde timet**.“

_____

_____

_____

_____

_____

Lektion 7

1 **Wortschatzwunder** – Von Adjektiven und Substantiven werden auch Substantive mit der Endung -itia gebildet, die einen Zustand oder eine persönliche Eigenschaft bezeichnen, z. B.: **amicus**: der Freund → **amicitia**: die Freundschaft. Erschließe die Bedeutung der folgenden Substantive, indem du angibst, von welchen bekannten Vokabeln sie abgeleitet sind.

T • S • K • M
• die Bedeutung unbekannter Wörter erschließen
• Lerntechniken anwenden

	Bedeutung	bekannte Vokabel mit Bedeutung
stultitia		
saevitia		
inimicitia		
laetitia		
malitia		

2 **Tückisch!** – Wenige Buchstaben machen manchmal einen großen Unterschied. Übersetze die folgenden Wörter und bilde jeweils die gesuchte lateinische Vokabel, indem du einen Buchstaben in dem Wort austauschst.

T • S • K • M
• die Bedeutung lateinischer Wörter angeben

a) dolum: _____ → das Geschenk: ____ ____ ____ ____ ____

b) saepe: _____ → du Wütender (Vokativ): ____ ____ ____ ____ ____

c) quia: _____ → was?: ____ ____ ____ ____

d) portis: _____ → du trägst: ____ ____ ____ ____ ____

e) parete: _____ → bereitet!: ____ ____ ____ ____ ____ ____

f) templa: _____ → greife an!: ____ ____ ____ ____ ____ ____

g) videtis: _____ → ihr lacht: ____ ____ ____ ____ ____ ____ ____

Stelle anschließend gemeinsam mit deinem Nachbarn weitere Vokabeln und Formen zusammen, die man leicht verwechseln kann, und entwickelt zu denen eine ähnliche Übung (bei der auch mehrere Buchstaben ausgetauscht werden können). Stellt diese Aufgabe dann euren Mitschülern vor.

3 **Binnendifferenzierende Aufgabe:** In Aufgabe **II** musst du unter Beachtung der KNG-Regel Sätze zusammenstellen. Wenn du die Adjektivformen schon sicher beherrschst, erledige sofort Aufgabe **II** und versuche dich danach an der schwierigeren Aufgabe **III**. Wenn du dich mit den Adjektivformen noch unsicher fühlst, dann erledige vor **II** zunächst die einfachere Vorübung zur Formenbildung **I**.

T • S • K • M
• Lernprozesse ordnen

I: **Fackellauf** – Die Griechen entzünden eine Fackel als Zeichen ihres Sieges. Hilf ihnen, die bren-
nende Fackel von Troja nach Griechenland zu bringen.

• Formen bilden

incendium saevum → Plural → Genitiv → Dativ → Singu-

lar → Genitiv → (entsprechende Form von) **populus lae-**

tus → Dativ → Akkusativ → Plural → Vokativ → Nominativ

→ (entsprechende Form von) **magna hostia** → Dativ →

Genitiv → Akkusativ → Singular → Genitiv → Dativ

_____

_____

_____

_____

_____

_____

II: **Warum nur?** – Ergänze die fehlende Endung des Prädikatsnomens jeweils passend zum Sub-
jekt. Bilde dann die gleichen Sätze mit den vorgegebenen Subjekten im Plural. Übersetze die
Sätze. Diskutiere mit deinem Sitznachbarn über den Inhalt der Sätze und begründet aufgrund
eurer Kenntnis des Lesestücks mündlich, warum die Aussagen zutreffen.

• Formen bilden
• Texte übersetzen
• Informationen aus
  Mythos und Geschichte zu
  einem Überblick zusam-
  menstellen

a) Troianus timid____ est.   → Troiani _____

_____

b) Periculum magn____ est.   → Pericula _____

_____

c) Oppidum tut____ non est.   → Aedificia oppidi _____

_____

d) Iuno dea saev____ est.   → Iuno et Minerva deae _____

_____

e) Cassandra timid____ est.   → Filiae Troianorum _____

_____

f) Pugnare stult____ est.   (kein Plural!)

_____

III: Durcheinander – Hier hat der Windgott Aeolus ein großes Chaos hinterlassen. Bringe die Sätze in die Reihenfolge Subjekt – Objekt (Dativ vor Akkusativ) – Prädikat und stelle die Adjektive jeweils zu ihren Bezugswörtern. Übersetze dann.

- Zusammenhänge in Sätzen erkennen
- Sätze zusammenstellen

a)

Troiani/deis/sacrificia/bonis/parant/laeti/magna

_____

_____

_____

_____

b)

pauci/verba/Cassandrae/audiunt/timida

_____

_____

_____

_____

c)

magnum/Graeci/et/plurima/delent/aedificia/templum

_____

_____

_____

_____

d)

fatum/prohibent/malum/Troiani/non/boni

_____

_____

_____

_____

4 **Sinnloser Kampf** – Unterstreiche in jedem Satz die Adjektivformen und entscheide, ob sie als Attribut (A), als Prädikatsnomen (P) oder als Substantiv (S) verwendet sind. Notiere den entsprechenden Buchstaben in verschiedenen Farben über dem Adjektiv und übersetze die Sätze. Vergleiche dann dein Ergebnis mit deinem Banknachbarn. Erklärt euch gegenseitig im Wechsel, warum ihr die einzelnen Adjektive so eingeteilt habt.

T · S · K · M
• Erscheinungen der Satz-
  lehre unterscheiden
• Texte übersetzen

a) Adversarii plurimi sunt, socii autem pauci.

_____

_____

b) Hic manere stultum est. Nam inimici saevi iam socios fugant.

_____

_____

c) Fatum malum timeo, quia inimici oppidum temptant et delent.

_____

_____

d) Dei nonnullis bona, sed plurimis mala dant.

_____

_____

e) Familia hic tuta non iam est. Familiam timidam servare desidero.

_____

_____

f) Vos rogo, dei boni: Prohibete pericula mala, prohibete magnum malum!

_____

_____

Lektion 8

T · S · K · M
• Formen bilden

1 **Für alle Fälle** – Ergänze die jeweils fehlenden Formen.

Nom. Sg.	Dat. Sg.	Abl. Sg.	Nom. Pl.	Dat. Pl.	Abl. Pl.
ara					
			consilia		
		servo			
					statuis
	deo				
magnum templum					
		filia laeta			
				sociis bonis	

2 **Formenstaffel** – Bilde die angegebenen Kasus.

a) magnum aedificium → _____ → _____

    　　　　　　　　　　　Dativ　　　　　　　　　　　　　　　　　　　Plural

→ _____ → _____

　　　　　　Akkusativ　　　　　　　　　　　　　　　　　Singular

→ _____ → _____

　　　　　　　Genitiv　　　　　　　　　　　　　　　　　　Plural

→ _____ → _____

　　　　　　　Ablativ　　　　　　　　　　　　　　　　　Singular

→ _____

　　　Nominativ Plural

b) porta aperta → _____ → _____

　　　　　　　　　　Ablativ　　　　　　　　　　　　　　　　　　Plural

→ _____ → _____

　　　　　　　Genitiv　　　　　　　　　　　　　　　　　Singular

→ _____ → _____

　　　　　　　Dativ　　　　　　　　　　　　　　　　　Akkusativ

→ _____ → _____

　　　　　　　Plural　　　　　　　　　　　　　　　　　　Dativ

→ _____

　　　　　　Nominativ

3 **Binnendifferenzierende Aufgabe:** In Aufgabe **II** musst du Ablative bilden und ihre Verwendung innerhalb eines Textes bestimmen. Wenn du die Ablative sicher beherrschst, erledige sofort Aufgabe **II** und danach die anspruchsvollere Aufgabe **III**. Wenn du bei den Formen der Ablative aber noch unsicher bist, dann erledige vor **II** zunächst die einfachere Aufgabe **I**.

T · S · K · M
• Lernprozesse ordnen

I: **Ablativ gesucht** – Suche die Substantive heraus, bei denen es sich um Ablative handeln kann, und trage sie in die Tabelle ein. Bestimme dann die restlichen Formen.

• Formen analysieren und bestimmen
• lateinische Wörter grammatischen Kategorien zuweisen

> aedificia – amice – audis – cibis – consiliis – deae – deo – domina – domino – equis – filiam –frumento – habeo – incendiis – monumento – oculis – oppidum – portis – praeda – puellis – servio – servo – tabulis – templis – turba – verbi – vino

	a-Deklination	o-Deklination masc.	o-Deklination neutr.
Ablativ Singular	_____ _____ _____	_____ _____ _____	_____ _____ _____
Ablativ Plural	_____ _____ _____	_____ _____ _____	_____ _____ _____

Bestimmung der restlichen Formen: _____

_____

_____

_____

II: **Lückenfüller** – Setze die Wörter an den passenden Stellen der folgenden Sätze im Ablativ ein. Übersetze dann und bestimme jeweils die Verwendung des Ablativs.

• Sätze zusammenstellen
• Erscheinungen der Satzlehre unterscheiden
• Texte übersetzen

> donum – praeda – dolus – verba placida – aqua et cibi – insidiae – vinum bonum

Odysseus erzählt von Polyphem und von seiner überraschenden Begegnung mit ihm:

Subito Polyphemum video. Monstrum ferum _____

saluto. Rogo: „Adiuva nos _____!" Polyphemus au-

tem _____ gaudet et nonnullos socios necat. Periculum

magnum est. Itaque socios _____ servo: Monstrum

_____ delecto.

Polyphemus _____ gaudet. Tum socios convoco et dolum

paramus. Profecto monstrum _____ superamus.

_____

_____

_____

_____

_____

_____

_____

III: Mehrdeutige Endungen – Ergänze die folgenden Wörter und Wendungen mit den Buchstaben -a, -as, -e, -is oder -o und setze sie an den richtigen Stellen in die lateinischen Sätze ein. Die deutsche Übersetzung in der mittleren Spalte gibt dir Hilfen. Ergänze anschließend auch die Bestimmungen der eingesetzten Formen in der rechten Spalte.

• Sätze zusammenstellen
• Texte übersetzen

adiuv____	amic____	aper____	aqu____	cess____	cib____	dol____
	don____	est____	insidi____	magn____	praed____	
monstr____	saev____	par____	Polyphem____	Polyphem____	respond____	
	serv____	soci____	verb____	placid____	vin____	bon____

a) Graeci vocant: „Cur nos non

_____ (1) et _____ (2)

_____ (3)? Cur portam non

_____ (4), _____ (5)?"

Die Griechen rufen: „Warum unterstützt du uns nicht mit Wasser und Speisen? Warum öffnest du nicht den Eingang, Polyphem?"

(1) Abl. Sg. f.

(2) Abl. _____ m.

(3) _____ Sg. Präs.

(4) 2. Pers. _____ Präs.

(5) Vok. Sg. m.

b) Polyphemus autem clamat:

„Captivi _____ (6)!" Monstrum

_____ (7)

gaudet.

Aber Polyphem schreit: „Ihr seid Gefangene!" Das Ungeheuer freut sich über die große Beute.

(6) _____ Pl. Präs.

(7) Abl. Sg. f.

c) Socii timent et vocant:

„_____ (8) nos, Ulixes! Cur

_____ (9)? _____ (10),

_____ (11)!"

Die Gefährten fürchten sich und rufen: „Rette uns, Odysseus! Warum zögerst du? Antworte, Freund!"

(8) Imperativ Sg.

(9) 2. Pers. Sg. Präs.

(10) _____ Sg.

(11) _____ Sg. m.

d) Ulixes _____ (12)

_____ (13)

explicat: „_____ (14)

_____ (15) _____ (16)."

Odysseus erklärt den Gefährten mit ruhigen Worten: „Ich stelle Polyphem eine Falle."

(12) Dat. _____ m.

(13) _____ Pl. n.

(14) Dat. Sg. m.

(15) _____ Pl. f.

(16) 1. Pers. Sg. Präs.

e) Tum _____ (17)

_____ (18) dat. Polyphemum

_____ (19) delectat.

Dann gibt er dem schrecklichen Ungeheuer Geschenke. Er erfreut Polyphem mit gutem Wein.

(17) Dat. Sg. n.

(18) Akk. _____ n.

(19) _____ Sg. n.

f) Paulo post Graeci Polyphemum

_____ (20) superant.

Wenig später besiegen die Griechen Polyphem mit einer List.

(20) _____ Sg. m.

4 **Substantiv oder Verb?** – Suche aus den folgenden Wörtern nur die Substantive heraus. Bestimme sie nach KNG und nenne den Nominativ Singular mit deutscher Bedeutung.

T·S·K·M
• Formen analysieren und bestimmen
• Wörter grammatikalischen Kategorien zuweisen

adiuvamus – adversarius – aedifico – aedificio – ama – amice – appare – consilii – conveni – deo – do – dominis – dormis – laboras – ludos – portam – portat – puellas – regnas – sacrificio – sacrifico – saxis – scitis – spectatis – spectaculis – templa – tempta – verborum

Substantivform	Bestimmung	Nominativ Sg./Bedeutung

1 **Do, ut des.**

a) Stelle ein Wortfeld aus lateinischen Substantiven zum Thema „Kult und Religion" zusammen und trage sie an passenden Stellen in die folgende Mindmap ein.

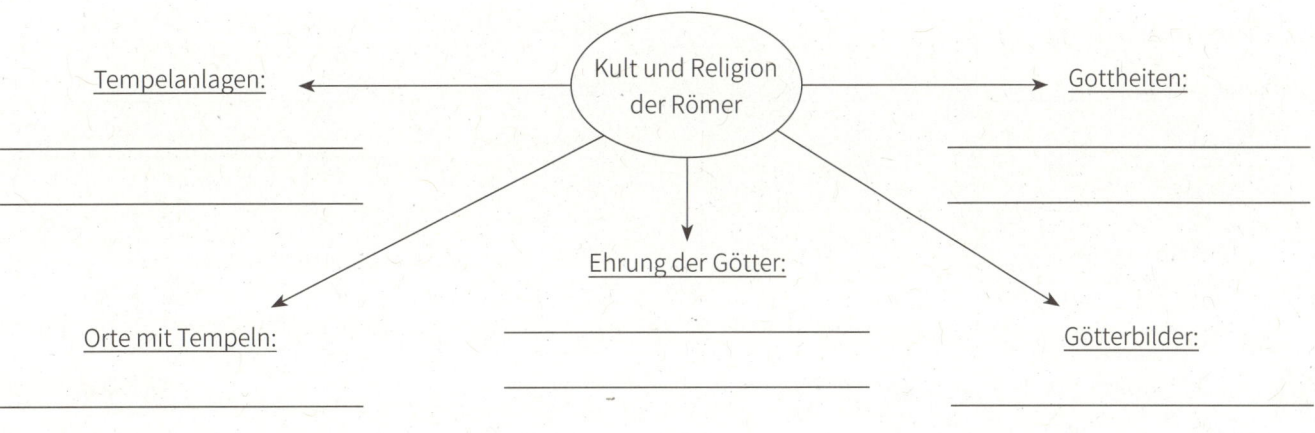

b) Erkläre dann deinem Nachbarn, welche Rolle die Beziehungen zwischen Menschen und Göttern bei der Flucht des Aeneas aus Troja spielen.

2 Substantiv sucht Adjektiv – Ordne den Substantiven die entsprechenden Adjektive zu. Achte auf KNG-Kongruenz. Gib dann den Nominativ Singular an und übersetze die Wendung.

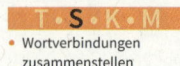

> stultum – miseris – timidi – pio – placidos – pulchras – magna – saevorum – liberam

Substantiv mit Adjektiv	Nominativ Singular	Übersetzung
servos		
captivorum		
feminis		
patriam		
togas		
socio		
monumenta		
populi		
consilium		

3 Was nicht passt, wird passend gemacht. – Bestimme die Substantive bzw. die Adjektive nach KNG und ergänze dann die Formen, die im Nominativ stehen, in den entsprechenden Formen.

Substantiv mit Adjektiv		Bestimmung
amicorum _____	(liber)	_____
equis _____	(pulcher)	_____
filiam _____	(pulcher)	_____
bonos _____	(magister)	_____
feri _____	(vir)	_____
servarum _____	(miser)	_____
malo _____	(magister)	_____
puellae _____	(pulcher)	_____
laetum _____	(puer)	_____

4 Im Zweierpack – Bilde die angegebenen Formen.

a) **ludus et magister** → Akkusativ → Dativ → Plural → Genitiv → Singular → Ablativ → Plural → Akkusativ → Nominativ

_____

_____

_____

b) puer et puella → Akkusativ → Plural → Dativ → Singular → Genitiv → Ablativ → Plural → Genitiv → Nominativ

_____

_____

_____

c) dea pulchra et vir pius → Akkusativ → Ablativ → Plural → Genitiv → Nominativ → Akkusativ → Dativ → Singular

_____

_____

_____

5 **Binnendifferenzierende Aufgabe:** In Aufgabe **II** musst du Substantive in den Kasus setzen, der aufgrund der vorhergehenden Präposition erforderlich ist. Wenn du die Präpositionen und die mit ihnen verbundenen Fälle sicher beherrschst, erledige sofort Aufgabe **II** und versuche dich dann an der schwierigeren Aufgabe **III**. Wenn du dich mit den Präpositionen noch unsicher fühlst, dann erledige vor Aufgabe **II** erst die einfachere Vorübung **I**.

T • S • K • M
• Lernprozesse ordnen

I: **Feuer in Troja** – Entziffere die Präpositionalausdrücke, bevor sie den Flammen zum Opfer fallen. Schreibe sie heraus, übersetze sie und vervollständige dann die Übersicht über die Präpositionen.

• Formen analysieren und bestimmen

INAEDIFICIISMANEREFILIUMADPORTASPORTAREINFORUMPROPERARECUM
INIMICISANTETEMPLAPUGNAREINEQUOLATEREETEMPLOVENIREACURISLIB
ERNONESSE

in aediciis manere	in den Gebäuden bleiben

Präpositionen	Kasus	
ad		
ante		
in		(Frage: _____?)
in	*Ablativ*	(Frage: *Wo?*)
cum		
e/ex		
a/ab		

II: Chaos in Troja – Ergänze die Endungen um die notwendigen Buchstaben und übersetze die Ausdrücke. Beachte dabei, mit welchen Kasus die fettgedruckten Präpositionen verwendet werden.

- Erscheinungen der Satzlehre unterscheiden
- Formen bilden

monument__ delere – aedifici__ __ intrare – statu__ __ **e** templ__ __ portare – **cum**

soci__ __ patri__ __ servare – familia__ **ante** port__ __ oppid__ exspectare – amic__ __

adiuvare – **cum** adversari__ **ad** ar__ __ pugnare – **in** pericul__ esse – puell__ __ et

puer__ __ audire – **in** oppid__ manere – **e** patri__ portare – **a** templ__ venire – **in**

templ__ __ venire – **ante** equ__ __ apparere

_____

_____

_____

_____

_____

_____

_____

_____

_____

_____

III: Erinnerungen an Troja – So wird das Leben in Troja nie mehr sein. Bilde mit den Wörtern jeweils sinnvolle Sätze, die zu den Abbildungen passen, und übersetze sie. Achtung: Du musst jeweils die passende Präposition ergänzen.

• Formen bilden
• Sätze zusammenstellen

1. puer – ludus – verbum – magister – audire

   Pueri in ludo verba magistri audiunt. – Die Jungen hören in der Schule die Worte des Lehrers.

2. forum – vir – femina – esse

   _____

   _____

3. templum – servus – statua – deus – spectare

   _____

   _____

4. populus – ara – convenire

   _____

   _____

5. umbra – puella – laetus – sedere – ridere

   _____

   _____

6 **Irrungen und Wirrungen** – Marcus und Iunia haben sich viel zu Eutychus' Erzählung von Aeneas gemerkt – aber stimmt auch wirklich alles? Übersetze die Aussagen und prüfe sie dann auf ihre Richtigkeit. Stelle die Aussagen der falschen Sätze auf Deutsch richtig.

T · S · K · M
- Texte übersetzen
- Informationen aus Mythos und Geschichte zu einem Überblick zusammenstellen

a) Graeci incendiis aedificia Troiae delent. ☐ richtig ☐ falsch

_____

_____

b) Aeneas viros saevos non audit, quia dormit. Subito Priamus in somno apparet. ☐ richtig ☐ falsch

_____

_____

c) Dei Aeneae imperant: „Propera ex oppido et serva penates[1]!". ☐ richtig ☐ falsch

[1] **penates** (Akk. Pl.) die Hausgötter

_____

_____

d) Aeneas turbam inimicorum timet. ☐ richtig ☐ falsch

_____

_____

e) Venus dea filio imperat: „Serva familiam!" ☐ richtig ☐ falsch

_____

_____

f) Aeneas deae non paret, quia curis liber est. ☐ richtig ☐ falsch

_____

_____

Arbeitet zu zweit oder in Gruppen: Formuliert reihum auf Deutsch weitere Sätze zu der Erzählung des Eutychus. Fordert jeweils ein Mitglied der Gruppe auf, anzugeben, ob der Satz korrekt ist, und ihn gegebenenfalls zu korrigieren. Jede Aussage zum Text muss anhand einer lateinischen Formulierung aus L9 belegt werden, z. B.:

„Bei der Flucht trägt Aeneas seinen Vater." → richtig

Beleg: L9, Z. 14/15: **Anchisen umeris portat.**

Lektion 10

1 **Kleine Wörter** – Bei zwölf Adverbien und Präpositionen sind die Buchstaben durcheinandergeraten. Stelle die korrekten Wörter wieder her und trage sie an den passenden Stellen in die Tabelle ein (die Buchstabenzahl ist vorgeben). Gib jeweils auch eine deutsche Übersetzung an.

T • S • K • M
- die Bedeutung lateinischer Wörter angeben
- Wörter grammatikalischen Kategorien zuweisen

> m̶a̶t̶t̶i̶s̶ – manquum – neta – da – chu – rep – mirpum – muc – dantem – fortepoc – sprimimi – toibus

Adverbien	Präpositionen
_ _ _	_ _
_s_ _t_ _a_ _t_ _i_ _m_ sofort	_ _ _
_ _ _ _ _ _	_ _ _
_ _ _ _ _ _	_ _ _ _
_ _ _ _ _	
_ _ _ _ _ _ _	
_ _ _ _ _ _ _ _	
_ _ _ _ _ _ _ _	

2 **Vielfältige Verwandtschaftsverhältnisse** – Viele lateinische Wörter sind mit anderen Wörtern verwandt. Ordne die Verben den verwandten Substantiven und Adjektiven zu und gib jeweils deren deutsche Bedeutungen an. Achtung! Teilweise müssen zwei Substantive/Adjektive einem Verb zugeordnet werden oder umgekehrt.

T • S • K • M
- Vokabeln nach Wortfamilien ordnen

> placere – aedificare – spectare – aperire – turbare – timere – servire – perturbare – amare – exspectare
>
> amicus – servus – timidus – spectaculum – apertus – aedificium – serva – turba – placidus – inimicus

_____

_____

_____

_____

_____

_____

_____

3 **Auf der Flucht!** – Weise die folgenden Adjektive den passenden Lücken zu, sodass ein sprachlich korrekter und inhaltlich sinnvoller Text entsteht. Übersetze dabei den Text.

apertae – bone – ferorum – magno – miser – misera – pius – plurimi – pulchra –
saevis – stultum – tuta – tuti

Auf der Flucht durch das brennende Troja schießen Creusa folgende Gedanken durch den Kopf:

„In _____ periculo sumus, nam portae oppidi _____ sunt. Iam turba inimi-

corum _____ appropinquat. Patria non iam _____ est. _____ Graeci

forum tenent et aedificia _____ incendiis _____ delent. Profecto

_____ erat equum in oppidum portare. Cur properas, Aenea[1]? Mane et mihi ades,

vir _____! Te non iam video! Ubi estis? Ubi est Ascanius, filius _____? Ubi

est Aeneas, vir _____? Certe _____ non sunt. Ego _____ sum.“

[1] **Aenea** Vokativ zu Aeneas

_____

_____

_____

_____

_____

_____

_____

4 **Binnendifferenzierende Aufgabe:** In Übung **II** musst du Verbformen im Präsens und Imperfekt er-gänzen. Wenn du die Verbformen in sämtlichen Konjugationsklassen sicher beherrschst, erledige sofort **II** und danach die anspruchsvollere Aufgabe **III**. Wenn du bei den Verbformen noch unsicher bist, dann erledige vor **II** zunächst die einfachere Übung **I**.

I: Unterscheide die Präsensformen von den Imperfektformen und bestimme, aus welcher Konju-gationsklasse die Verben stammen. Ordne sämtliche Verbformen an der richtigen Stelle in die Tabelle ein.

adsumus – paramus – parabamus – paremus – manebas – abes – eras – dormiebas –
venis – audiebatis – aberatis – retinebat – aderat – parat – parebat

	a-Konjugation	e-Konjugation	i-Konjugation	esse
Präsens				
Imperfekt				

II: Vervollständige die Verbstämme zu den in Klammern genannten Präsens- und Imperfekt-formen, indem du jeweils das passende Tempuszeichen und die passende Personalendung auswählst. Gib zu jedem Verb auch den Infinitiv mit Bedeutung an.

• Formen bilden

Verbstamm	Tempus-zeichen	Personal-endungen	Präsensform	Imperfekt-form	Infinitiv	Bedeutung
dormi-			_____ (1. Pers. Pl.)	_____ (1. Pers. Pl.)		
mane-			_____ (3. Pers. Sg.)	_____ (3. Pers. Sg.)		
para-	-ba- -eba-	-m -mus -nt -o -s -t -tis	_____ (2. Pers. Sg.)	_____ (2. Pers. Sg.)		
pare-			_____ (1. Pers. Sg.)	_____ (1. Pers. Sg.)		
retine-			_____ (3. Pers. Pl.)	_____ (3. Pers. Pl.)		
veni-			_____ (2. Pers. Pl.)	_____ (2. Pers. Pl.)		

III: Setze aus den folgenden Bestandteilen acht korrekte Verbformen im Präsens und Imperfekt zusammen und übersetze dann die neu gebildeten Formen.

• Formen bilden

parab-
dorm-
ma-
ve-
re-
es-
ad-
a-

-s-
-ti-
-t-
-am-
-ni-
-ieb-
-ne-
-be-

-umus
-ram
-ebas
-is
-netis
-us
-bamus
-am

_____

_____

_____

_____

_____

_____

_____

45

5 **Wer spricht zu wem?** – In den folgenden Sätzen fehlt entweder die Angabe, wer hier spricht, oder die, wer angesprochen wird. Wähle aus der folgenden Liste die passenden Namen im Nominativ oder Vokativ aus und setze sie in die Lücken ein. Bilde außerdem zu den in Klammern stehenden Verben die passenden Imperative. Übersetze dann die Sätze. Erkläre mündlich, in welchem Zusammenhang die hier vorkommenden Figuren zueinander stehen.

T · S · K · M
- Formen bilden
- Texte übersetzen
- Informationen aus Mythos und Geschichte zu einem Überblick zusammenstellen

> Aeneas – Anchises – Dido – ~~Graeci~~ – Graeci – Polypheme – Romane – Romani – Sibylla – Troiani – Troiani

Beispiel: Ulixes[1]: *Aedificate* (aedificare) magnum equum, *Graeci!* – Odysseus: Erbaut ein großes Pferd, Griechen!

[1] **Ulixes** lateinischer Name des Odysseus

a) Laocoon: _____ (timere) Graecos, _____!

_____

_____

b) Priamus: _____ (portare) equum in oppidum, _____!

_____

_____

c) Agamemnon: _____ (delere) oppidum inimicorum, _____!

_____

_____

d) Ulixes[1]: _____ (esse) placidus! _____ (dare) sociis et mihi

cibum et aquam, _____!

_____

_____

e) _____: Hic _____ (manere) et _____

(adesse), Aenea[2]!

[2] **Aenea** Vokativ zu Aeneas

_____

_____

f) Aeneas: Mihi _____ (adesse) et _____ (aperire)

portam Tartari, _____!

_____

_____

g) _____: _____ (narrare) mihi fatum Tro-

ianorum, Anchisa³!

_____

_____

³ **Anchisa** Vokativ
zu Anchises

h) _____: _____ (audire)

fatum populi Romani, Aenea²! _____ (esse) iustus in viros

bonos, _____! _____ (esse) saevus in

inimicos superbos! _____ (superare) inimicos, _____

_____! _____ (esse) domini terrarum!

_____

_____

_____

6 **Alles sieht so ähnlich aus!** – Bringe Ordnung in das Durcheinander der leicht zu verwechselnden
Wörter. Unterstreiche zunächst alle Verbformen mit einer Farbe und alle Nominalformen (Sub-
stantive und Adjektive) mit einer anderen Farbe. Einige Wörter werden nicht unterstrichen. Gib
dann zu jedem Wort die Lernform mit einer deutschen Bedeutung an.

amo – ambulo – amico – animo _____

_____

cum – cur – curam – curabam – curiam _____

_____

aperitis – apparetis – aris – arenis _____

_____

paras – pares – patrias – places – placidas _____

_____

tene – terrae – terre – time – timide _____

_____

tu – tum – tutum – tuum _____

_____

T • S • K • M
• Wörter grammatikali-
  schen Kategorien
  zuweisen
• Formen analysieren

Das kann ich schon!

(Zu den Abkürzungen siehe S. 3)

Arbeit mit lateinischen Texten und der lateinischen Sprache

Lektionen	meine Kompetenzen	sicher	teilweise sicher	nicht sicher	weitere Informationen/ geeignete Übungen (Auswahl)
Texte					
	Ich kann lateinische Texte ins Deutsche übersetzen.	☐	☐	☐	**SB** alle L-Texte; Ü7.3, Ü7.4, Ü8.2 (II), EÜ9.2, Ü9.3, Ü10.2 (III), Ü10.3, P6–10 (S. 61) **AH** 7.3 (II), 7.4, 8.3 (II, III), 9.6, 10.3, 10.5
	Ich kann die Inhalte von Texten verstehen und wiedergeben.	☐	☐	☐	**SB** Ü6.1, Ü7.5, Ü8.1, Ü8.4, Ü8.5, Ü9.1, Ü9.6, Ü10.1, Ü10.4 **AH** 6.6
Wortschatz					
	Ich kann zu den bisher gelernten lateinischen Vokabeln die deutschen Bedeutungen angeben und davon ausgehend unbekannte Vokabeln erschließen.	☐	☐	☐	**SB** alle W-Teile, P6–10 (S. 63) **AH** 7.1, 7.2, 10.1
	Ich kann die Vokabeln nach Wortarten (Substantiv, Verb, Adverb, Präposition) ordnen.	☐	☐	☐	**AH** 8.4, 10.1, 10.6
	Ich kann Vokabeln nach Wortfeldern, Sachfeldern oder Wortfamilien ordnen.	☐	☐	☐	**SB** Ü6.5; P6–10 (S. 63) **AH** 9.1, 10.2
	Ich kann die Verwandtschaft zwischen lateinischen und deutschen Wörtern erkennen und die Bedeutung deutscher Lehn- und Fremdwörter erschließen.	☐	☐	☐	**SB** Ü6.7
	Ich kann die Verwandtschaft zwischen lateinischen und englischen Wörtern erkennen und dadurch die Bedeutung englischer Wörter erschließen.	☐	☐	☐	**SB** Ü9.7
Grammatik: Formenlehre					
6, 10	Ich kann die Formen von esse im Präsens und im Imperfekt erkennen und bilden.	☐	☐	☐	**SB** EÜ6.3, Ü6.3, EÜ10.2, Ü10.2 **AH** 6.3, 7.3 (II), 10.4 (I, III)
10	Ich kann die Formen von esse im Imperativ erkennen und bilden.	☐	☐	☐	**SB** EÜ10.3, Ü10.3 **AH** 10.5
10	Ich kann die Formen des Imperfekts von Verben der a-, e- und i-Konjugation erkennen und bilden.	☐	☐	☐	**SB** EÜ10.1, EÜ10.2, Ü10.2 **AH** 10.4

Lektionen	meine Kompetenzen	sicher	teilweise sicher	nicht sicher	weitere Informationen/ geeignete Übungen (Auswahl)
6	Ich kann die Formen des Genitiv Singular und Plural von Substantiven der a- und o-Deklination erkennen und bilden.	☐	☐	☐	**SB** EÜ6.1, EÜ6.2, Ü6.4 **AH** 6.1, 6.2, 6.4
8	Ich kann die Formen des Ablativ Singular und Plural von Substantiven der a- und o-Deklination erkennen und bilden.	☐	☐	☐	**SB** EÜ8.1, EÜ8.2, EÜ8.3, Ü8.2 **AH** 8.1, 8.3, 8.4
7	Ich kann die Formen von Adjektiven der a- und o-Deklination erkennen und bilden.	☐	☐	☐	**SB** EÜ7.1, EÜ7.2, EÜ7.3, Ü7.3, P6 – 10 (S. 60) **AH** 7.3, 8.2, 9.2
9	Ich kann die Formen von Substantiven und Adjektiven der o-Deklination auf -er erkennen und bilden.	☐	☐	☐	**SB** EÜ9.1, Ü9.3 **AH** 9.2, 9.3, 9.4
	Grammatik: Satzlehre				
6	Ich kann die Funktion des Genitivs als Attribut erkennen, bilden und entsprechend übersetzen.	☐	☐	☐	**SB** Ü6.4 **AH** 6.2
7	Ich kann die Verwendung eines Adjektivs als Attribut, als Prädikatsnomen oder als Substantiv erkennen und entsprechend übersetzen.	☐	☐	☐	**SB** EÜ7.1, EÜ7.2, Ü7.3, Ü7.4, Ü9.3, P6 – 10 (S. 60) **AH** 7.3 (II), 7.4
8, 9	Ich kann die Verwendung des Ablativs als Adverbiale (Mittel-, Grund-, Trennung) erkennen und entsprechend übersetzen.	☐	☐	☐	**SB** Ü8.2, Ü9.5 **AH** 8.3 (II)
9	Ich kann Präpositionen mit dem Akkusativ und mit dem Ablativ erkennen und die Präpositionalausdrücke entsprechend übersetzen.	☐	☐	☐	**SB** EÜ9.2, EÜ9.3, Ü9.4, **AH** 9.5
	Ich kann lateinische Wortverbindungen und Sätze zusammenstellen.	☐	☐	☐	**SB** alle deutsch-lateinischen Übersetzungstexte; Ü7.3, Ü8.2 (II, III), EÜ9.3, Ü9.2, Ü9.4, Ü10.2 (III), Ü10.3 **AH** 6.5, 7.3 (III), 8.3 (II), 9.5 (III), 10.3, 10.5
	Methodik				
	Ich kann einzelne Inhalte von Texten (auch ohne genaue Übersetzung) herausarbeiten.	☐	☐	☐	**SB** Ü6.1, Ü7.5, Ü8.1, Ü 9.1, Ü9.6, Ü10.1
	Ich kann bei der Bearbeitung binnendifferenzierender Aufgaben feststellen, bei welchen Themen ich noch zusätzlich üben muss.	☐	☐	☐	**SB** Ü8.2, Ü10.2, P6 – 10 (S. 60) **AH** 6.4, 7.3, 8.3, 9.5, 10.4
	Ich kann einen Arbeitsplan für die Vorbereitung einer Schulaufgabe aufstellen.	☐	☐	☐	**SB** P6 – 10 (S. 62)

Lektionen	meine Kompetenzen	sicher	teilweise sicher	nicht sicher	weitere Informationen/ geeignete Übungen (Auswahl)
	Ich kann verschiedene Hilfsmittel zum Recherchieren nutzen.	☐	☐	☐	SB K6 (mit Arbeitsauftrag), K7 (mit Arbeitsauftrag), Ü7.6, K8 (mit Arbeitsauftrag), Ü8.3, K9 (mit Arbeitsauftrag), K10 (mit Arbeitsauftrag)
	Ich kann Arbeitsergebnisse auf verschiedene Weisen präsentieren.	☐	☐	☐	SB K6 (mit Arbeitsauftrag), Ü7.6, K10 (mit Arbeitsauftrag)

Arbeit mit der antiken Kultur (vgl. auch die Grundwissensseiten 58/59)

Lektionen	meine Kompetenzen	sicher	teilweise sicher	nicht sicher	weitere Informationen/ geeignete Übungen (Auswahl)
	Ich kann den Begriff „Mythos" erklären.	☐	☐	☐	SB AD 6 – 10 (S. 36)
	Ich kann weitere wichtige griechische und römische Gottheiten (Neptun, Pluto, Proserpina, Merkur, Venus, Amor) erkennen und angeben, wofür sie zuständig waren.	☐	☐	☐	SB AD 6 – 10 (mit Arbeitsauftrag S. 36), K 6, K7 / AH 6.5
6	Ich kann einige berühmte Taten des Herakles wiedergeben.	☐	☐	☐	SB K6 (mit Arbeitsauftrag), L6, Ü6.6 / AH 6.5
6	Ich kann die antike Vorstellung von der Unterwelt (z. B. Elysium, Tartarus, Büßer in der Unterwelt) erklären.	☐	☐	☐	SB K6 (mit Arbeitsauftrag), K10 (mit Arbeitsauftrag)
7, 8	Ich kann Sagen vom Kampf um Troja und von Odysseus wiedergeben.	☐	☐	☐	SB AD 6 – 10 (S. 37), K7 (mit Arbeitsauftrag), L7, Ü7.2, Ü7.5, Ü7.6, K8 (mit Arbeitsauftrag), L8, Ü8.3, Ü8.4, Ü8.5 / AH 7.3 (II), 9.6, 10.5
9, 10	Ich kann einige Abenteuer des Aeneas auf seiner Flucht von Troja nach Italien (Dido, Unterwelt) wiedergeben und den Begriff „pius Aeneas" erklären.	☐	☐	☐	SB K9 (mit Arbeitsauftrag), L9, Ü9.1, Ü9.6, K10, L10, Ü10.4, P6 – 10 (mit Arbeitsaufträgen S. 61) / AH 9.1, 9.6, 10.5
6, 10	Ich kann den Schulunterricht bei den Römern (ludus, grammaticus, rhetor) erklären.	☐	☐	☐	SB K6, L6, K10

Lektion 11

1 **Romulus, der Baumeister** – In der Stadtmauer des Romulus sind waagerecht und senkrecht acht Verbformen versteckt. Suche sie heraus und übersetze sie.

l	r	e	g	i	t	v	a
a	t	b	a	n	t	e	m
g	u	d	i	c	u	n	t
e	p	r	m	i	c	i	s
b	a	h	i	p	e	t	o
a	s	p	r	i	t	i	f
t	a	c	e	s	o	s	t
s	c	i	e	b	a	m	i

waagerecht:

_____

_____

_____

_____

senkrecht:

_____

_____

_____

_____

2 **Auf den Zusammenhang kommt es an!** – Gib zuerst alle Bedeutungen des Infinitivs an. Erschlie-
ße dann beim Übersetzen aus dem Zusammenhang die jeweils passende Bedeutung.

a) consulere: _____
   Diu Romulus et Remus de imperio *consulebant*. Etiam socios *consulebant*.

   _____

   _____

b) capere: _____

petere: _____

Tandem filii Rheae Silviae consilium *capiunt* auxilium a deis *petere*: Remus Aventinum[1] *petit*, Romulo autem placet Palatium[2] *petere*.

_____

_____

_____

[1] **Aventinus**, i der Aventin (einer der Hügel Roms)

[2] **Palatium**, i der Palatin

c) contendere: _____

Paulo post socii ad Palatium[2] *contendunt*. Ibi Romulus cum Remo *contendit*.

_____

_____

3 **Der Zorn des Bruders** – Nach dem Augurium kocht Remus vor Zorn und macht seinem Bruder Vorwürfe. Setze das passende Personalpronomen ein und übersetze dann.

T · S · K · M
• Sätze zusammenstellen
• Texte übersetzen

vos tibi ego mecum
tu me ego mihi
tibi tecum a te

a) _____ _____ semper aderam, _____ _____ multa pericula prohibebas.

b) Nunc autem _____ non licet _____ in oppido novo regnare.

c) _____ _____ non iam pareo, _____ imperia non iam accipio.

d) Etiam _____, dei deaeque, rogo: Cur _____ non adiuvatis?

_____

_____

_____

_____

_____

_____

_____

_____

_____

4 **Binnendifferenzierende Aufgabe:** In Übung **II** musst du Verbformen in der konsonantischen Konjugation bilden und übersetzen. Wenn du die Verbformen schon sicher beherrschst, erledige sofort **II** und danach die anspruchsvollere Aufgabe **III**. Wenn du bei den Verbformen noch unsicher bist, dann erledige vor **II** die einfachere Übung **I**.

• Lernprozesse ordnen

I: **Formenwirrwarr** – Unterscheide die Präsensformen von den Imperfektformen und bestimme, aus welcher Konjugationsklasse die Verben stammen. Ordne sämtliche Verbformen an der richtigen Stelle in die Tabelle ein. Einige Felder in der Tabelle bleiben frei.

• Formen analysieren und bestimmen

placebant   dicitis   circumdabatis   aperiebat   eripere   aspicimus   capiebas   regebant   neco   servis   paretis   petebam   carebas   contendis   cupiebamus

Präsens	a-Konjugation	e-Konjugation	i-Konjugation	konsonantische Konjugation	konsonantische Konjugation auf -io
1. Sg.					
2. Sg.					
1. Pl.					
2. Pl.					
Infinitiv					

Imperfekt	a-Konjugation	e-Konjugation	i-Konjugation	konsonantische Konjugation	konsonantische Konjugation auf -io
1. Sg.					
2. Sg.					
3. Sg.					
1. Pl.					
2. Pl.					
3. Pl.					

II: **Tauschhandel** – Ersetze jeweils die Formen von **narrare** durch **dicere**, die von **videre** durch **aspicere** und die von **desiderare** durch **cupere**. Übersetze anschließend die neu gebildeten Formen.

• Formen bilden

narrabas   →   _____   _____

desideras   →   _____   _____

narrat   →   _____   _____

videt   →   _____   _____

narrabatis   →   _____   _____

desiderant   →   _____   _____

desiderabat   →   _____   _____

video   →   _____   _____

videbamus   →   _____   _____

III: Ein Vokal macht den Unterschied! – Bestimme durch Ankreuzen die Konjugationsklasse, ergänze den richtigen Vokal (a, e oder i) und übersetze dann die Verbform.

- Formen analysieren und bestimmen
- Formen bilden

	a-Konjugation	e-Konjugation	i-Konjugation	konsonantische Konjugation	konsonantische Konjugation auf -io		
gaud?t		x				*gaudet*	*er, sie, es freut sich*
reg?t							
ag?mus							
retin?nt							
acced?bamus							
dorm?s							
dic?bant							
adiuv?bant							
par?bat (2)							
ag?bam							
contend?re							
consul?s							
erip?mus							

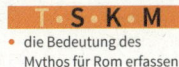

5   **Von Troja nach Rom** – Setze die folgenden Namen und Begriffe an den passenden Stellen im Text ein:

> Aeneas – Anchises – Ascanius – fatum – imperium sine fine – Latium – Mars – Odysseus – Remus – Rhea Silvia – Roma – Romulus – Tartarus – Tiber – Troja – Venus

Als die Griechen durch die List des _____ die Stadt

_____ erobern, gelingt von den trojanischen Helden

nur _____, dem Sohn der Göttin

_____, die Flucht. Gemeinsam mit seinem Vater

_____ und seinem Sohn _____

begibt er sich auf eine lange Irrfahrt. Als er in Süditalien angekommen ist, sucht er mit der Seherin

Sibylle die Unterwelt (lat.: _____) auf, wo ihm sein inzwischen

verstorbener Vater das zukünftige Schicksal (lat.: _____) voraus-

sagt: Die Trojaner werden einst als Römer über den ganzen Erdkreis herrschen und ein Reich ohne

Grenzen (lat.: _____) haben. Aber bis dahin ist es noch ein weiter

Weg. Zunächst siedeln sich die Trojaner in der Landschaft _____

an. Als die Vestalin _____ vom Kriegsgott

_____ schwanger wird, bringt sie die Zwillinge

_____ und _____ zur Welt.

Diese werden als Säuglinge am Fluss _____ ausgesetzt, aber

dann gerettet. Als sie später an dieser Stelle eine Stadt gründen wollen, kommt es zu einem Streit,

bei dem einer der beiden Brüder getötet wird. Der andere wird erster König der neuen Stadt und

nennt sie _____.

Lektion 12

1 a) Als Vorsilbe (Präfix) sorgt **per-** häufig für eine Verstärkung der Wortbedeutung. Nenne zwei bekannte Verben mit dem Präfix **per-** und erkläre ihre Bedeutung.

T · S · K · M
• Wörter nach den Regeln der Wortbildungslehre analysieren

_____

_____

b) Erschließe, was die Vorsilben **ab-**, **ad-**, **con-**, **in-** (auch: **im-**) und **re-** bei den folgenden Komposita bedeuten. Gib an, mit welchem Wort sie jeweils zusammengesetzt sind, und erkläre so die Bedeutung der Vokabeln.

Zusammengesetzte Vokabel	Einfaches Wort	Bedeutung der Vorsilbe	Bedeutung der Vokabel
abesse			
adesse			
convenire			
convocare			
impius			
inimicus			
reducere			
retinere			

2 **Substantiv sucht Adjektiv** – Verbinde das Adjektiv, das nach KNG passt, mit dem Substantiv. Bilde dann von dem Substantiv die passende Form zu den beiden übrigen Adjektiven. Achtung: Teilweise sind die Adjektivformen mehrdeutig. Zum Beispiel:

T · S · K · M
• Wortverbindungen zusammenstellen
• Formen bilden

impiis – _regibus (Dat. und Abl. Pl.)_____

rege ⟶ impio _____

impium – _regem_____

uxores

laetas _____

laetarum _____

laetis_____

coniunx

placidae _____

placidi _____

placidus _____

	miser	_____
milites	miseri	_____
	miseris	_____
	bono	_____
patrum	bonorum	_____
	bonum	_____
	iusti	_____
hospiti	iustis	_____
	iusto	_____

3 Substantiv und Adjektiv im Text

T · S · K · M
• Wortverbindungen und Sätze zusammenstellen
• Texte übersetzen

a) Weise jedem Substantiv ein nach Kasus, Numerus und Genus passendes Adjektiv zu.

| milites – mulieres – mulieribus – pacem – regi – rex – rex | bono – magne – miseris – placidam – primus – Romani – timidas |

_____

_____

_____

_____

b) Setze die Wortverbindungen an den passenden Stellen in den folgenden Text ein und übersetze diesen.

Die Nachbarvölker waren nicht bereit, den Römern ihre Töchter zur Frau zu geben, sondern haben die Römer sogar verspottet. Daraufhin überlegte sich König Romulus eine List und lockte die benachbarten Sabiner (**Sabini, -orum**) und andere Völker in eine Falle. So kamen diese zu großartigen Spielen nach Rom …

Subito Romulus, _____ Romanorum, signum dat. Statim

_____ _____ petunt et patribus

filias eripiunt. Sabini clamant: „Parcite _____, Romani!"

Paulo post Romulus Tatio, _____ Sabinorum, dicit: „Audi,

_____! _____ facere cupimus."

_____

_____

_____

_____

_____

4 **Binnendifferenzierende Aufgabe:** Bei dieser Aufgabe geht es darum, dass du herausfindest, in welchen Bereichen du zusätzliche Übungen benötigst. In Übung **I** musst du Verbformen aus den verschiedenen Konjugationsklassen ergänzen. Bei der Korrektur dieser Aufgabe kannst du feststellen, welche Konjugationsklasse(n) du wiederholen solltest. Erledige danach eine für dich geeignete Auswahl aus den Aufgaben **II**, **III** und **IV**.

T · S · K · **M**
• Lernprozesse ordnen

I: Ergänze jeweils den fehlenden Buchstaben der Präsens-, Imperfekt- und Imperativformen und ordne sie an den richtigen Stellen in die Tabelle ein.
Verbessere dein Ergebnis mit Hilfe des Lösungsteils, trage das Ergebnis ein und entscheide dann, welche Konjugation du zuerst üben willst.

• Formen analysieren und bestimmen
• Formen bilden
• eigene Fehler benennen und analysieren

abs__m – acced__t – accip__t – ader__s – ades__e – adiuvat__ – ag__te – aper__t –

appar__t – aspic__te – audi__e – capie__ant – cupiun__ – di__ – dormi__nt –

eripieb__t – e__ – f__c – parceba__us – perterrebat__s – peti__us – porta__t – poteran__

– potest__s – probamu__ – prohib__bas – properab__tis – regebati__ – retine__is – rid__

– scieb__m – serv__bam – servi__bat – ven__ – vide__e – visit__

	a-Konjuga-tion	e-Konjuga-tion	i-Konjuga-tion	konsonanti-sche Konju-gation	konsonanti-sche Konju-gation auf -io	esse + Komposita
Präsens	_____ (1. Pers. Pl.)	_____ (3. Pers. Sg.)	_____ (3. Pers. Sg.)	_____ (3. Pers. Sg.)	_____ (3. Pers. Sg.)	_____ (1. Pers. Sg.)
	_____ (3. Pers. Pl.)	_____ (2. Pers. Pl.)	_____ (3. Pers. Pl.)	_____ (1. Pers. Pl.)	_____ (3. Pers. Pl.)	_____ (2. Pers. Pl.)
Imperfekt	_____ (1. Pers. Sg.)	_____ (2. Pers. Sg.)	_____ (1. Pers. Sg.)	_____ (1. Pers. Pl.)	_____ (3. Pers. Sg.)	_____ (2. Pers. Sg.)
	_____ (2. Pers. Pl.)	_____ (2. Pers. Pl.)	_____ (3. Pers. Sg.)	_____ (2. Pers. Pl.)	_____ (3. Pers. Pl.)	_____ (3. Pers. Pl.)
Imperativ	_____ (Sg.)	_____ (Sg.)	_____ (Sg.)	_____ (Sg.)	_____ (Sg.)	_____ (Sg.)
	_____ (Pl.)	_____ (Pl.)	_____ (Pl.)	_____ (Pl.)	_____ (Pl.)	_____ (Pl.)
korrekt gebil-dete Formen	____ von sechs Formen	____ von sechs Formen	____ von sechs Formen	____ von sechs Formen	____ von sechs Formen	____ von sechs Formen

II: Übung zur a-, e- und i-Konjugation: Ergänze bzw. bilde die zu den Bestimmungen passenden Formen und gib die Konjugationsklasse an. Teilweise musst du auch die Bestimmungen ergänzen.

• Formen analysieren und bestimmen
• Formen bilden

Verbform	Bestimmung	Konjugationsklasse
adiuv__ __t	3. Pers. Pl. Präsens	
aper__ __	1. Pers. Sg. Präsens	
appar__ __	1. Pers. Sg. Präsens	
audi__ba__	2. Pers. Sg. Imperfekt	

Verbform	Bestimmung	Konjugationsklasse
dorm__	Imperativ Sg.	
perterr__s	___ . Pers. Sg. Präsens	
porta__ __ __	1. Pers. Pl. _____	
proba__ __ __	2. Pers. Pl. _____	
prohib__ __ __	Imperativ ___	
serv__ __ __ __	3. Pers. Sg. Imperfekt	a-Konjugation
serv__ __ __ __ __	3. Pers. Sg. Imperfekt	i-Konjugation
ven__ __	2. Pers. ___ _____	

III: Übung zur konsonantischen Konjugation (auch auf -io): Ergänze bzw. bilde die zu den Bestimmungen passenden Formen und gib an, ob das Verb zur konsonantischen Konjugation oder zur konsonantischen Konjugation auf -io gehört. Teilweise musst du auch die Bestimmungen ergänzen.

- Formen analysieren und bestimmen
- Formen bilden

Verbform	Bestimmung	Konjugationsklasse
acced__ __t	3. Pers. Pl. Präsens	
acc__ __ __ __	3. Pers. Sg. Präsens	kons. Konj.
accip__ __	1. Pers. Sg. Präsens	
acc__ __ __ __	3. Pers. Sg. Präsens	kons. Konj. auf -io
ag__ba__	2. Pers. Sg. Imperfekt	
aspic__ __ __	Imperativ Pl.	
cap__e__ __ __	1. Pers. Sg. _____	
cup__s	2. Pers. Sg. _____	
eripi__ __ __	3. Pers. _____ Präsens	
parc__ __ __s	1. Pers. Pl. Präsens	
pet__t__s	2. Pers. Pl. _____	
reg__ __ __	Imperativ _____	

IV: Übung zu esse und seinen Komposita: Ergänze bzw. bilde die zu den Bestimmungen passenden Formen. Teilweise musst du auch die Bestimmungen ergänzen.

- Formen analysieren und bestimmen
- Formen bilden

Verbform	Bestimmung
ab__ __	2. Pers. Sg. Präsens
ab__ __	Imperativ Sg.
ab__ __ __mus	1. Pers. Pl. Imperfekt
ade__ __e	Imperativ _____

Verbform	Bestimmung
ad__ __ __	3. Pers. Sg. Präsens
ad__ __ __n__	3. Pers. _____ _____
__ __	Imperativ _____
es__ __ __	2. Pers. _____ Präsens
pot__ __t	3. Pers. Sg. _____
pot__ __ __t	3. Pers. Sg. _____
pos__ __nt	3. Pers. _____ Präsens
su__ __ __	_____. Pers. ____ _____

5 **Kasusfunktionen** – Ergänze in den folgenden Sätzen die fehlenden Endungen und übersetze den Text. Bestimme dabei jeweils den Kasus der ergänzten Begriffe sowie seine Funktion (Dativ des Besitzers – Akkusativ der zeitlichen Ausdehnung – Ablativ des Mittels/des Grundes/der Trennung).

T · S · K · M
- Formen bilden
- Erscheinungen der Satzlehre unterscheiden
- Texte übersetzen

a) Remus cogitat: „Per mult_____ ann_____ frater et ego laeti eramus.   _____

_____

Kasus und Funktion: _____

b) Saepe in magno periculo eramus. Sed numquam inimici nos insidi_____ superare poterant.

_____

_____

Kasus und Funktion: _____

c) Nunc cur_____ liber non iam sum. _____

_____

Kasus und Funktion: _____

d) Rex oppidi novi non sum. Romul_____ imperium est. _____

_____

_____

Kasus und Funktion: _____

e) Frater superbus auxili_____ deorum valde gaudet." _____

_____

Kasus und Funktion: _____

Lektion 13

1 **Kleine Wörter** – In dem Quadrat sind insgesamt zehn Subjunktionen und Konjunktionen (bzw. Adverbien) versteckt. Sie finden sich waagerecht, senkrecht und diagonal. Beachte, dass du in alle Richtungen lesen musst (auch von rechts nach links, von unten nach oben, von unten links nach oben rechts usw.). Markiere die Wörter und trage sie mit Bedeutung in die richtige Rubrik ein.

D	U	M	E	M	N	T	M
P	D	R	P	A	O	A	D
A	G	L	R	U	U	M	O
O	I	T	A	Q	U	E	U
N	T	U	M	T	A	N	Q
O	A	A	Q	S	E	A	F
D	U	M	B	O	W	K	X
Q	B	Y	Y	P	Y	F	B

	Konjunktion/Adverb	Subjunktion
temporal	_____ _____	_____ _____
kausal	_____ _____ _____	_____ _____
konzessiv	_____	_____

2 **Sachfelder** – Finde möglichst viele Wörter, die zu folgenden Sachfeldern passen. Wenn dir keine Wörter mehr einfallen, lies L13 im Schülerband – dort bekommst du einige Hinweise.

Reden und Schweigen

Gewalt und Furcht

3 **Binnendifferenzierende Aufgabe:** In Aufgabe **II** musst du Perfektformen bilden und im Text übersetzen. Wenn du die Verbformen schon sicher beherrschst, erledige sofort Aufgabe **II** und versuche dich danach an der kniffligen Aufgabe **III**. Wenn du dich bei den Verbalformen noch unsicher fühlst, dann erledige vor **II** zunächst die einfachere Übung **I**.

I: Einsortiert – Ordne folgende Verbformen der richtigen Konjugationsklasse und dem richtigen Tempus zu und übersetze sie.

afui – poterat – servat – stupemus – audiunt – rogabam – aderatis – potuerunt – dees – possum – audivit – paruimus – amavistis – finiebas – tacebant

	a-Konjugation	e-Konjugation	i-Konjugation	esse	posse
Präsens					
Imperfekt					
Perfekt					

II: Vergangene Zeiten – In Kriegszeiten mussten nicht nur die römischen Männer Mut beweisen. Du liest hier einen Tagebucheintrag einer Römerin. Setze die Prädikate in ihrem Bericht ins Perfekt und übersetze den Text.

- Formen bilden
- Texte übersetzen

Viri, fratres, etiam servi ab oppido ___afuerunt___ (*absunt*), quod cum inimicis _____ (*pugnant*). Rex novos milites _____ (*convocat*). Ego cum sororibus et filiis meis in agris laborare _____ (*debeo*). Tamen cibis _____ (*caremus*). Nemo mulieri-bus _____ (*adest*). Dum viri adversarios a patria prohibent, nemo fures a villis _____ (*prohibet*). Tamen filios et filias _____ (*servo*). Quamquam in magnis periculis _____ (*sumus*), tamen mihi animus bonus numquam _____ (*deest*).

III: Durchschaut? – Bilde jeweils die fehlende Form in der Reihe.

• Formen analysieren und bestimmen
• Formen bilden

a) finivi – finivimus – _____ – finivistis – finivit – finiverunt

b) convocamus – convocatis – convocant – convocavimus – _____
– convocaverunt

c) debeo – debemus – _____ – debuimus – debebam – debebamus

d) potest – poterat – potuit – _____ – poteramus – potuimus

e) adsum – affui – ades – affuisti – adest – _____

f) _____ – vexabant – vexavistis – vexabatis – vexavimus – vexabamus

4 **Zusammenhänge** – Brutus erzählt von der Vertreibung des letzten Königs. Verbinde die Teilsätze sinnvoll und übersetze sie.

T • S • K • M
• Sätze zusammenstellen
• Texte übersetzen

A) Postquam sex reges regnaverunt,	a) diu de malis tacebat.
B) Dum viri inimicos a patria prohibent,	b) turba me amat.
C) Quod populus crudelitatem regis timebat,	c) Romani septimum auxilio meo fugaverunt.
D) Quamquam milites Romani plurimos inimicos superaverunt,	d) plurimi sapientia mea stupuerunt.
E) Postquam Romani orationem de factis impiis regis audiverunt,	e) Tarquinius populum Romanum vexabat.
F) Quia servitutem populi finivi,	f) nemo cum rege saevo superboque pugnavit.

_____

_____

_____

_____

_____

_____

_____

_____

_____

_____

_____

5 **Eins nach dem anderen** – Ordne die folgenden Ereignisse aus dem Mythos und der Geschichte der Römer in der richtigen Reihenfolge nacheinander an.

T · S · **K** · M
• Informationen aus Mythos und Geschichte zu einem Überblick zusammenstellen
• die Bedeutung des Mythos für Rom erfassen

Vertreibung des letzten Königs aus Rom

List des Odysseus vor Troja

Aufenthalt bei Dido in Karthago

Herrschaft des Tarquinius

Gründung Roms

römische Königszeit

Rettung der Zwillinge Romulus und Remus durch eine Wölfin

Flucht des Aeneas aus Troja

Zeit der römischen Republik

Ankunft des Aeneas in Italien

_____

_____

_____

_____

_____

_____

_____

_____

_____

_____

_____

_____

Arbeitet in Gruppen: Ein Mitglied der Gruppe hält einen kurzen Überblicksvortrag über mythologische und geschichtliche Ereignisse rund um das frühe Rom. Die übrigen Gruppenmitglieder hören zu, ohne ins Arbeitsheft zu schauen. Diskutiert im Anschluss, was an dem Vortrag gelungen war und was sich noch verbessern ließe.

Lektion 14

1 **Elf Freunde müsst ihr sein!** – In diesem Gitterrätsel verstecken sich waagerecht und senkrecht elf Formen von Substantiven der 3. Deklination. Suche sie heraus, gib den Nom. Sg. und eine deutsche Bedeutung an.

B	V	C	N	T	R	S	A	Q
U	H	O	S	P	I	T	I	P
O	P	R	E	G	E	M	P	A
N	M	P	V	C	X	A	S	C
U	X	O	R	I	F	G	U	E
L	N	R	M	C	E	O	I	L
F	P	A	T	R	I	B	U	S
R	C	D	E	S	I	A	A	E
A	L	N	M	U	A	S	C	N
T	E	M	P	L	E	B	E	A
R	V	R	O	C	D	O	I	T
U	F	U	R	E	S	P	M	O
M	E	A	E	M	O	L	P	R

_____

_____

_____

_____

_____

_____

_____

_____

_____

_____

_____

_____

2 **Perfekt perfekt?!** – Ordne die folgenden Verben der richtigen Perfektbildung zu und gib jeweils die 1. Pers. Sg. Perf. sowie den Infinitiv Perfekt an.

> ~~amare~~ – apparere – colere – cupere – desperare – dicere – discedere – dolere – finire – flectere – gerere – mittere – parere – prohibere – regnare

v-Perfekt	u-Perfekt	s-Perfekt
amavi/amavisse		

3 **Binnendifferenzierende Aufgabe:** In der Übung **II** sollst du selbstständig Sätze bilden, die einen AcI enthalten. Wenn du die verschiedenen Formen im Lateinischen schon sicher beherrschst, beginne direkt mit dieser Aufgabe und erledige danach die kompliziertere Aufgabe **III**. Wenn du bei den Formen noch unsicher bist, erledige zunächst die einfachere Vorübung **I**.

T · S · K · M
● Lernprozesse ordnen

I: Wähle aus den folgenden Substantiv- und Adjektivformen diejenigen aus, die Akkusativ sein können. Bestimme anschließend die übrigen Formen nach KNG.

● Wörter grammatikalischen Kategorien zuweisen

vita – tempus – egregios – sororis – agro – regum – propinquis – hospites – consilium – magistri – corpus – templa – anni – crudelitatem

Akkusativ	andere Kasus
	vita – Nom./Abl. Sg. f.

II: **Aus zwei mach eins** – Forme jeweils den zweiten Satzteil in einen AcI um, der abhängig vom ersten Satzteil ist, und übersetze die neu entstandenen Sätze. Beachte dabei sorgfältig das Zeitverhältnis.

● Texte übersetzen
● Formen bilden
● Sätze zusammenstellen

a) Apparet: Septimus rex Romanorum populum diu vexabat.

_____

_____

b) Brutus autem dixit: „Populus Romanus semper virtutes servavit.

_____

_____

c) Scitis: Tarquinius magna crudelitate regnat.

_____

_____

d) Necesse est: Nos regem superbum fugamus."

_____

_____

e) Scimus: Romani tandem Tarquinium et familiam regis fugaverunt.

_____

_____

f) Sed non ignoramus: Paulo post patria magno in periculo erat.

_____

_____

g) Magister narrat: Plebeii in Montem Sacrum[1] discesserunt.

_____

_____

[1] **Mons Sacer** (Akk.: Montem Sacrum) der heilige Berg

h) Audivimus: Senator in Montem Sacrum properavit et plebi fabulam narravit.

_____

_____

i) Apparet: Tum plebs parata erat pro patria pugnare.

_____

_____

III: In den folgenden Sätzen fehlt jeweils der Akkusativ des AcI. Bilde die passenden Formen und setze sie ein. Die deutschen Begriffe geben dir eine Hilfe. Übersetze dann die Sätze.

• Formen bilden
• Texte übersetzen

du – die guten Götter – Romulus und Remus – ich – die Brüder – Remus

a) Certe scis _____ imperium cupivisse.

_____

b) Non ignoras _____ signa deorum exspectavisse.

_____

c) Remus dicit: „Scio _____ mihi adesse."

_____

d) Romulus autem duodecim vultures[1] videt et dicit: „Apparet _____ imperium a deis accipere."

_____

[1] **vultures** (Akk. Pl.) Geier

e) Sed Remus clamat: „Scio _____ mihi imperium eripere!"

_____

f) Paulo post Romulus audit _____ murum parvum ridere.

_____

4 **Wörter über Wörter…** – In den vergangenen Lektionen hast du viele Wörter kennengelernt, die sich dem Oberbegriff „imperium" zuordnen lassen. Erstelle ein Sachfeld, in dem du die Wörter nach Substantiven, Verben und Adjektiven ordnest.

T • S • K • M
• Vokabeln nach Wortarten ordnen
• Vokabeln nach Sach-feldern ordnen

Substantive	imperium	Verben
_____	Adjektive	_____
_____	_____	_____
_____	_____	_____
_____	_____	_____
_____	_____	_____
_____	_____	_____
_____	_____	_____
_____	_____	_____

5 **Wann oder wie lange?** – Ordne die folgenden lateinischen Wörter den vorgegebenen Substantiven und Adjektiven so zu, dass Ausdrücke im Ablativ der Zeit oder im Akkusativ der zeitlichen Ausdehnung entstehen. Übersetze die Ausdrücke schriftlich und ergänze sie dann mündlich im Wechsel mit deinem Banknachbarn zu deutschen Sätzen, die sich auf Ereignisse aus der antiken Sagenwelt oder Geschichte beziehen.

T • S • K • M
• Wortverbindungen zusammenstellen
• Informationen aus Mythos und Geschichte zu einem Überblick zusammenstellen

> anno – annos – antiquis – (per) decem – prima – tempore – tempus

a) temporibus _____ _____

b) _____ annos _____

c) primo _____ _____

d) (per) multos _____ _____

e) _____ duro _____

f) _____ luce _____

g) (per) longum _____ _____

Lektion 15

1 **Wenn aus Feinden Freunde werden …** – Coriolans Mutter gelang es, ihren Sohn wieder mit seiner Heimat zu versöhnen. Finde zu den folgenden Vokabeln jeweils ein passendes „positives" lateinisches Gegenstück und gib je eine deutsche Bedeutung an.

T · S · K · M
• Vokabeln ordnen
• die Bedeutung latei-
  nischer Wörter angeben

Vokabel	Bedeutung	„Gegenstück"	Bedeutung
temptare	*angreifen*	*parcere*	*verschonen*
hostis			
impius			
delere			
bellum			
bellum gerere			
malus			
terrere			
ferus			
dolere			
relinquere			

2 **Binnendifferenzierende Aufgabe:** In Übung **II** musst du Substantive und Formen von **is, ea, id** aneinander angleichen (KNG-Kongruenz). Wenn du bei den Formen von **is, ea, id** und den Genera der Substantive schon sicher bist, erledige sofort Aufgabe **II** und versuche dich dann an der komplizierteren Aufgabe **III**. Wenn du bei den Formen von **is, ea, id** und dem Genus der Substantive noch unsicher bist, dann erledige vor **II** erst die einfachere Übung **I**.

T · S · K · M
• Lernprozesse ordnen

• Formen bilden

I: a) **Lückenlos** – Ergänze die fehlenden Formen von is, ea, id.

	m.	f.	n.	m.	f.	n.
Nom.	is	ea	id			ea
Gen.				eorum		
Dat.						eis
Akk.		eam		eos		
Abl.	eo					

b) **Vollständig** – Gib den Genitiv, das Genus und die Bedeutung der folgenden Substantive an.

Substantiv	Genitiv	Genus	Bedeutung
captivus			
crudelitas			
puer			
vox			
sacrificium			
hospes			
corpus			
umbra			
insidiae			
bellum			
coniunx			
senator			

II: Lückenlos und vollständig

• Formen bilden

a) Bilde die passende Form von **is, ea, id** in KNG-Kongruenz zu dem jeweiligen Substantiv.

_____ bellum   _____ doni   _____ captivos

_____ regum   _____ verba   _____ oratione

_____ mulier   _____ aras   _____ sacrificiis

b) Bilde die passende Form des Substantivs in KNG-Kongruenz zu dem jeweiligen Pronomen.

eius _____ (coniunx)   eam _____ (ara)   eis _____ (senator)

eas _____ (umbra)   is _____ (puer)   ei _____ (crudelitas)

eo _____ (hospes)   eae _____ (insidiae)   earum _____ (vox)

III: Ausgetauscht – Ersetze die fettgedruckten Begriffe durch die entsprechende Form von **is, ea, id** und übersetze den Text.

• Formen bilden
• Texte übersetzen

a) Coriolanus cum copiis hostium patriam petivit; tum **Coriolanum** adversarium Romanorum esse apparuit.

_____ – _____

_____

_____

b) Romani copias Coriolani ab urbe prohibere non poterant. Itaque urbs **Romanorum** in magno periculo erat.

_____ – _____
_____
_____

c) Tandem mulieres dixerunt: „Coriolanus imperator[1] bonus est. Romani milites **Coriolani** superare non possunt.

_____ – _____
_____
_____

[1] **imperator, oris** m. der Feldherr

d) Audivimus facta Coriolani Veturiae matri non placere. Necesse est **matrem** animum filii flectere.

_____ – _____
_____
_____

e) Etiam a Volumnia uxore auxilium petere debemus. Certe verba **uxoris** apud Coriolanum multum valent.

_____ – _____
_____
_____

f) Saepe mulieres verbis animos virorum movebant. Saepe viri **mulieribus** parebant."

_____ – _____
_____
_____

3 | **In welches Zelt des Lagers gehörst du?** – Sortiere die Verben nach der Art ihrer Perfektbildung.

T • **S** • K • M
• lateinische Wörter grammatikalischen Kategorien zuweisen

prohibere – afficere – ignorare – gerere – apparere – stupere – ardere – videre – clamare – petere – vivere – movere – facere – dicere – finire – perterrere

4 **Im Wandel der Zeiten** – Übersetze die folgenden Verbformen und setze sie dann ins Plusquamperfekt. Behalte dabei Person und Numerus bei.

T · S · K · M
• Formen analysieren
• Formen bilden

Verbform	Übersetzung	Plusquamperfekt
deeram		
appropinquavimus		
ignorabatis		
habebant		
dicebas		
fleximus		
vexat		
taces		
sciebam		
narro		
sumus		
rogabant		

5 **Vorsicht Falle!** – Welches Wort passt grammatisch oder inhaltlich nicht in die Reihe? Begründe deine Wahl.

a) is – ei – es – ea _____

_____

b) aderamus – fueramus – potueramus – paraveramus _____

_____

c) appropinquat – venit – intrat – properat _____

_____

d) aspexerant – clamaverant – viderant – spectaverant _____

_____

e) reliquit – ducit – affecit – egit – movit _____

_____

f) miserat – miseras – miseram – miserae _____

_____

g) corporum – honorum – servorum – sororum _____

_____

h) laboraveram – lacrimam – liberam – lucem _____

_____

i) ecce – es – este – estis _____

_____

j) castra – corpora – ignora – tempora _____

_____

Das kann ich schon!

(Zu den Abkürzungen siehe S. 3)

Arbeit mit lateinischen Texten und der lateinischen Sprache

Lektionen	meine Kompetenzen	sicher	teilweise sicher	nicht sicher	weitere Informationen/ geeignete Übungen (Auswahl)
	Texte				
	Ich kann lateinische Texte ins Deutsche übersetzen.	☐	☐	☐	SB alle L-Texte; Ü11.3, Ü11.4, Ü12.2 (II), Ü12.5, Ü13.4, Ü13.5, EÜ14.1, EÜ14.3, Ü14.4, Ü14.5, Ü15.2 AH 11.3, 12.3, 12.5, 13.3 (II), 13.4, 14.3 (II, III), 15.2 (III)
	Ich kann die Inhalte von Texten verstehen und wiedergeben.	☐	☐	☐	SB Ü11.1, Ü12.1, Ü13.1, Ü14.1, Ü15.1, Ü15.4, P11–16 (mit Arbeitsaufträgen S. 89)
	Wortschatz				
	Ich kann zu den bisher gelernten lateinischen Vokabeln die deutschen Bedeutungen angeben und davon ausgehend unbekannte Vokabeln erschließen.	☐	☐	☐	SB alle W-Teile, P11–15 (S. 91) AH 12.1, 13.1, 14.1, 15.1
	Ich kann die Vokabeln nach Wortarten ordnen.	☐	☐	☐	AH 13.1, 14.4
	Ich kann Vokabeln nach Wortfeldern, Sachfeldern oder Wortfamilien ordnen.	☐	☐	☐	SB Ü12.1, Ü15.4 AH 13.2, 14.4
	Ich kann bei mehrdeutigen lateinischen Wörtern die zum Kontext passende deutsche Bedeutung auswählen.	☐	☐	☐	SB Ü11.3 AH 11.2
	Ich kann die Verwandtschaft zwischen lateinischen und deutschen Wörtern erkennen und die Bedeutung deutscher Lehn- und Fremdwörter erschließen.	☐	☐	☐	SB Ü14.6, Ü15.5, P11–15 (S. 91)
	Grammatik: Formenlehre				
11	Ich kann bei den Verben der konsonantischen Konjugation die Formen des Präsens und des Imperfekts erkennen, von den übrigen Konjugationsklassen unterscheiden und bilden.	☐	☐	☐	SB EÜ11.1, EÜ11.2, Ü11.2 AH 11.4, 12.4 (I, III)
12	Ich kann bei den Verben der konsonantischen Konjugation die Formen des Imperativs erkennen und bilden.	☐	☐	☐	SB Ü12.4 AH 12.4 (I, III)

Lektionen	meine Kompetenzen	sicher	teilweise sicher	nicht sicher	weitere Informationen/ geeignete Übungen (Auswahl)
12, 13	Ich kann die Formen des Verbs posse in Präsens, Imperfekt und Perfekt erkennen und bilden.	☐	☐	☐	**SB** EÜ12.3, Ü12.3 **AH** 12.4 (IV)
	Ich kann verschiedene Arten der Perfektbildung (v-Perfekt, u-Perfekt, Perfekt von esse und Komposita, s-Perfekt, Dehnungsperfekt) unterscheiden und zu den entsprechenden Verben die Stammformenreihen angeben.	☐	☐	☐	**SB** P11 – 15 (mit Arbeitsauftrag S. 89) **AH** 14.2, 15.3
13, 14	Ich kann bei Verben aller Konjugationsklassen die Formen des Perfekts und den Infinitiv Perfekt erkennen und bilden.	☐	☐	☐	**SB** EÜ13.1, EÜ13.2, EÜ13.3, Ü13.3, EÜ14.2, P11 – 15 (S. 88) **AH** 13.3, 14.2
15	Ich kann bei Verben aller Konjugationsklassen die Formen des Plusquamperfekts erkennen und bilden.	☐	☐	☐	**SB** EÜ15.3, Ü15.3, P11 – 15 (S. 88) **AH** 15.4, 15.5
12, 14	Ich kann die Formen der Substantive der 3. Deklination masculinum, femininum und neutrum erkennen und bilden.	☐	☐	☐	**SB** EÜ12.1, EÜ12.2, Ü12.2, Ü14.2, Ü14.3 **AH** 12.2, 12.3, 14.1
11	Ich kann die Formen der Personalpronomina der 1. und 2. Person (ego, tu usw.) erkennen und bilden.	☐	☐	☐	**SB** EÜ11.3, Ü11.4 **AH** 11.3
15	Ich kann die Formen des Pronomens is, ea, id erkennen und bilden.	☐	☐	☐	**SB** EÜ15.1, EÜ15.2, Ü15.2 **AH** 15.2, 15.5
Grammatik: Satzlehre					
12, 14	Ich kann weitere Funktionen verschiedener Fälle (Dativ des Besitzers, Akkusativ der zeitlichen Ausdehnung, Ablativ der Zeit) erkennen und entsprechend übersetzen.	☐	☐	☐	**SB** Ü12.5, Ü14.4 **AH** 12.5, 14.5
13	Ich kann Adverbialsätze mit temporaler, kausaler und konzessiver Sinnrichtung unterscheiden und entsprechend übersetzen.	☐	☐	☐	**SB** Ü13.5 **AH** 13.4
13	Ich kann die Verwendung der Tempora in dum- und postquam-Sätzen erklären und die Sätze entsprechend übersetzen.	☐	☐	☐	**SB** Ü13.4, Ü13.5 **AH** 13.4
14	Ich kann den AcI erkennen, bilden und übersetzen.	☐	☐	☐	**SB** EÜ14.1, EÜ14.3, Ü14.5 **AH** 14.3
15	Ich kann die Verwendung von is, ea, id als Demonstrativ- und Personalpronomen unterscheiden und entsprechend übersetzen.	☐	☐	☐	**SB** Ü15.2

Lektionen	meine Kompetenzen	sicher	teilweise sicher	nicht sicher	weitere Informationen/ geeignete Übungen (Auswahl)
	Ich kann lateinische Wortverbindungen und Sätze zusammenstellen.	☐	☐	☐	**SB** alle deutsch-lateinischen Übersetzungstexte; Ü11.4, Ü12.2 (I, II), Ü12.5, Ü13.5, Ü14.4, Ü14.5 **AH** 11.3, 12.2, 12.3, 13.4, 14.3 (II), 14.5
	Methodik				
	Ich kann einzelne Inhalte von lateinischen Texten (auch ohne genaue Übersetzung) herausarbeiten.	☐	☐	☐	**SB** Ü11.1, Ü12.1, Ü13.1, Ü14.1, Ü15.1, Ü15.4, P11 – 16 (mit Arbeitsaufträgen S. 89)
	Ich kann bei der Bearbeitung binnendifferenzierender Aufgaben feststellen, in welchen Bereichen ich noch zusätzlich üben muss.	☐	☐	☐	**SB** Ü12.2, Ü15.3, P11 – 15 (S. 88) **AH** 11.4, 12.4, 13.3, 14.3, 15.2
	Ich kann verschiedene Hilfsmittel zum Recherchieren nutzen.	☐	☐	☐	**SB** AD11 – 15 (mit Arbeitsaufträgen), K11, P11 – 15 (S. 90/91)
	Ich kann Arbeitsergebnisse auf verschiedene Weisen präsentieren.	☐	☐	☐	**SB** K13 (mit Arbeitsauftrag), L14 (mit Arbeitsauftrag), K15 (mit Arbeitsauftrag)

Arbeit mit der antiken Kultur (vgl. auch die Grundwissensseiten 86/87)

Lektionen	meine Kompetenzen	sicher	teilweise sicher	nicht sicher	weitere Informationen/ geeignete Übungen (Auswahl)
	Ich kann wichtige griechische und römische Gottheiten erkennen und angeben, wofür sie zuständig waren.	☐	☐	☐	**SB** AD 11 – 15 (mit Arbeitsaufträgen)
	Ich kann Informationen aus Mythos und Geschichte vom Trojanischen Krieg bis zur frühen römischen Republik zu einem Überblick zusammenstellen.	☐	☐	☐	**SB** AD 11 – 15 (mit Arbeitsaufträgen), K11, L11, K12, L12, Ü12.6, K13, L13, K14, L14 (mit Arbeitsauftrag), K15 (mit Arbeitsauftrag), L15 **AH** 11.5, 13.5, 14.5
	Ich kann die Bedeutung von Livius' Werk Ab urbe condita als Quelle für die Geschichte des frühen Rom erklären.	☐	☐	☐	**SB** K12 (mit Arbeitsauftrag), K13 (mit Arbeitsauftrag), K14, K15
	Ich kann Grundlagen der römischen Götterverehrung nennen und die Bedeutung der Weissagung für die römische Religion erklären.	☐	☐	☐	**SB** K11, L11, K13 (mit Arbeitsauftrag), K15 (mit Arbeitsauftrag)
14	Ich kann zentrale Merkmale der Gesellschaft und Politik in der frühen römischen Republik erklären (Stände, Volkstribunen, Veto-Recht).	☐	☐	☐	**SB** K13, Ü13.6, K14 (mit Arbeitsauftrag), L14, K15

1 **Wichtige Beziehungen!** – Unterstreiche in den folgenden Sätzen das Relativpronomen und sein Bezugswort und übersetze den Text. Bestimme dazu das Relativpronomen nach Kasus, Numerus und Genus.

T · S · K · M
• Formen analysieren und bestimmen
• Texte übersetzen

a) <u>Coriolanus</u>, <u>qui</u> castra ante portas urbis posuerat, cives Romanos terruit.

Nominativ Sg. m.

Coriolan, der … _____

_____

b) Sed mater consilium, quod filius ceperat, prohibuit.

_____

_____

_____

c) Mater filio, apud quem multum valebat, appropinquavit.

_____

_____

_____

d) Coriolanus matrem, cuius curas non ignorabat, salutavit.

_____

_____

_____

e) Tum verba, quae mater dixerat, filium moverunt.

_____

_____

_____

f) Tandem Veturia mulieres, quibuscum ad Coriolanum properaverat, in urbem reduxit.

_____

_____

_____

2 **Was passt wozu?** – Ordne die Adjektive ihren Substantiven richtig zu und bestimme die Substantiv-Adjektiv-Verbindungen nach Kasus, Numerus und Genus. Bilde dann jeweils den Nominativ Singular:

civem hostes vires
pacem navium tempora
militibus mari

parvarum bonam
novas praeclarum feri
placido antiqua miseris

Substantiv mit Adjektiv	Kasus, Numerus, Genus	Nominativ Singular

3 **Präsens- oder Perfektstamm?** – Unterstreiche bei den folgenden Verben jeweils den Präsens- bzw. den Perfektstamm. Nenne das Tempus und übersetze dann die jeweilige Form:

a)   dat   dedit

Tempus:	
Übersetzung:	

Tempus:	
Übersetzung:	

b)   responderant   respondebant

Tempus:	
Übersetzung:	

Tempus:	
Übersetzung:	

c)   contenditis   contendistis

Tempus:	
Übersetzung:	

Tempus:	
Übersetzung:	

d)
	cadimus
Tempus:	
Übersetzung:	

	cecidimus
Tempus:	
Übersetzung:	

e)
	occiderat
Tempus:	
Übersetzung:	

	occidebat
Tempus:	
Übersetzung:	

4 **Binnendifferenzierende Aufgabe:** In Übung **II** musst du passende Formen des Relativpronomens auswählen und in Sätze einfügen. Wenn du die Deklination und die Verwendung des Relativpronomens sicher beherrschst, erledige sofort **II** und versuche dich danach an der anspruchsvolleren Aufgabe **III**. Wenn du dich bei der Übersetzung des Relativpronomens noch unsicher fühlst, dann erledige vor **II** zunächst die einfachere Vorübung **I**.

T • S • K • M
• Lernprozesse ordnen

Beachte: Mit „Plinius" ist in der gesamten Übung Plinius der Ältere (der Onkel aus L16) gemeint.

I: **Eine Katastrophe!** – Übersetze die lateinischen Relativpronomina, die in dem deutschen Text noch fehlen. Bestimme sie dann nach Kasus, Numerus und Genus und nenne ihr Bezugswort.

• Formen bestimmen
• Texte übersetzen

a) Mater nubem videt, quae subito procul apparet.

Die Mutter sieht eine Wolke, _____ plötzlich in der Ferne erscheint.

quae: _____   Bezugswort: _____

b) Plinius, quem vis naturae non terret, accedit.

Plinius, _____ die Gewalt der Natur nicht erschreckt, kommt hinzu.

quem: _____   Bezugswort: _____

c) Plinius navem parat, qua in montem Vesuvium contendere in animo habet.

Plinius lässt ein Schiff zur Abfahrt bereit machen, _____ er vorhat, eilig zum Vesuv zu fahren.

qua: _____   Bezugswort: _____

d) Tum servus Rectinae venit, qui Plinio litteras dominae dat.

Da kommt ein Sklave der Rectina, _____ Plinius ein Schriftstück seiner Herrin übergibt.

qui: _____   Bezugswort: _____

e) Amica a Plinio auxilium petit, qui statim consilium capit nave in eam regionem properare, in qua villa Rectinae est.

Die Freundin bittet Plinius um Hilfe, _____ sofort den Beschluss fasst, mit seinem Schiff in die Gegend zu fahren, _____ das Landhaus der Rectina liegt.

qui: _____   Bezugswort: _____

qua: _____   Bezugswort: _____

II: **Forscherdrang!** – Wähle das Relativpronomen aus, das jeweils in den Relativsatz passt, und übersetze dann die Sätze.

• Sätze zusammenstellen
• Texte übersetzen

a) Plinius magnam nubem, (quam – quae – quem) procul apparet, spectat.

_____

b) Id spectaculum, (quem – quorum – quod) alios terret, animum Plinii excitat.

_____

c) Paucas naves, (qui – quae – quas) in mari sunt, aspicit.

_____

d) Plinius ad Vesuvium, (cui – quem – cuius) vim ignorat, contendere cupit.

_____

e) Itaque navem, (quibus – qua – quam) monti appropinquare potest, parat.

_____

f) In eam regionem contendit, e (quae – quo – qua) multi fugiunt.

_____

III: **Vergebliche Rettung!** – Markiere das Substantiv, auf das sich das Pronomen is, ea, id bezieht, und verbinde dann die beiden Aussagen zu einer, indem du statt is, ea, id das passende Relativpronomen einsetzt. Übersetze dann.

• Sätze zusammenstellen
• Texte übersetzen

a) Plinius navem paravit. **Is** vim naturae non timuit.

_____

_____

b) Plinius in animo habuit ad Vesuvium montem contendere. **In eo** magnam nubem vidit.

_____

_____

c) Subito servus ei litteras Rectinae amicae dedit. Vita **eius** in magno periculo erat.

_____

_____

_____

d) Plinius statim consilium cepit ad villam Rectinae contendere. **Ea** prope Vesuvium montem erat.

_____

_____

_____

e) In mari nonnullas naves aspexit. **Iis** homines e periculo fugiebant.

_____

_____

_____

f) Incendia plurimas villas deleverunt. **Eae** in litore erant.

_____

_____

_____

5 **Quod oder quod? Vir oder vis?** – Bestimme die fettgedruckten Wörter und übersetze dann die Sätze.

T · S · K · M
• sprachliche Einheiten analysieren
• Texte übersetzen

a) Plinius spectaculo stupuit, **quod** numquam tantam nubem viderat.

_____

_____

_____

b) Spectaculum, **quod** Plinius spectabat, animum **viri** excitavit.

_____

_____

_____

c) Nam id fuit spectaculum, **quod** multi **viri** valde timebant.

_____

_____

_____

d) In eo spectaculo, **quod** multos **viros** perterruit, **vires** naturae apparuerunt.

_____

_____

_____

81

Lektion 17

T · S · K · M
• Formen bilden

1   **Aus der Vergangenheit in die Zukunft.** – Wenn du einen Buchstaben veränderst, wird aus dem Imperfekt ein Futur. Bilde die neue Form und übersetze sie.

a) instabat → _____   Üs: _____

b) monebant → _____   Üs: _____

c) valebas → _____   Üs: _____

d) eratis → _____   Üs: _____

e) erant → _____   Üs: _____

T · S · K · M
• sprachliche Erscheinungen in das System der Grammatik einordnen

2   **Vorsicht Falle!** – Welches Wort passt grammatisch nicht in die Reihe? Begründe deine Wahl.

a) aperiam – audiam – filiam – finiam   _____

b) copiam – cupiam – curiam – gratiam   _____

c) regam – relinquam – viam – vivam   _____

d) metues – milites – montes – mulieres   _____

T · S · K · M
• Formen bestimmen

3   **Welche Form hat Zukunft?** – Wähle aus den folgenden Verbformen diejenigen aus, die eindeutig Futurformen sind, und übersetze sie:

> cades – cares – coles – debet – discedet – dolet – paremus – petemus – placemus – ponemus – regetis – ridetis – surgent – sustinent – vides – vives

_____

_____

_____

_____

_____

_____

_____

_____

4 **Binnendifferenzierende Aufgabe:** In Aufgabe **II** musst du Perfektformen bilden. Wenn du die unterschiedlichen Perfektbildungen der Verben sicher beherrschst, erledige sofort Aufgabe **II** und versuche dich dann an der schwierigeren Aufgabe **III**. Wenn du dich bei den Perfektbildungen noch unsicher fühlst, dann erledige vor Aufgabe **II** erst die einfachere Vorübung **I**.

T · S · K · **M**
• Lernprozesse ordnen

I: **Wo ist meine Gruppe?** – Ordne die folgenden Perfektformen nach ihrer Bildung in die Tabelle ein und nenne dabei jeweils auch den Infinitiv Präsens mit Bedeutung.

• Formen analysieren und bestimmen
• Wörter grammatikalischen Kategorien zuweisen

egit – aperuistis – arserunt – aspexerunt – cecidisti – circumdedimus – constituistis – consuluerunt – cupivi – dedimus – delevisti – descendimus – dixi – feci – finiverunt – metuerunt – monui – movit

v-Perfekt	u-Perfekt	s-Perfekt	Dehnungs-perfekt	Reduplika-tionsperfekt	ohne Veränderung
			egit		
			agere		
			handeln		

II: **Ein Buchstabe entscheidet** – Übersetze die folgenden Präsensformen und ersetze dann bei ihnen jeweils nur einen Buchstaben, um die entsprechende Form im Perfekt zu bilden.

• Formen bilden

Präsens	Übersetzung	Perfekt
movet		
dicimus		
facit		
capimus		
agit		
videmus		
regit		
afficimus		
respondet		
sedet		

III: Perfekt im Perfekt? – Suche aus der folgenden Verbgruppe diejenigen heraus, die in der 3. P. Sg. und in der 1. P. Pl. im Präsens und im Perfekt identisch sind – abgesehen von den Quantitäten (Längen der Silben). Bilde dann diese Formen und gib die Art der Perfektbildung an.

• Formen analysieren und bestimmen
• Formen bilden

accedere, cadere, cessare, constituere, consulere, contendere, convenire, ducere, dolere, effugere, finire, occidere, parere, ruere, servire

Infinitiv	3. P. Sg. Präsens/Perfekt	1. P. Pl. Präsens/Perfekt	Perfektbildung

5 **Welches Pronomen passt zu mir?** – Bilde die Relativpronomina, die in KNG dem vorgegebenen Demonstrativpronomen entsprechen.

T • S • K • M
• Formen bilden

eius: _____ eam: _____

id: _____ earum: _____

eos: _____ eum: _____

ii: _____ eis: _____

6 **Anschluss gesucht** – Setze jeweils das passende Relativpronomen als relativen Satzanschluss ein. Unterstreiche dafür das Bezugswort im ersten Satz. Übersetze anschließend beide Sätze.

T • S • K • M
• Sätze zusammenstellen
• Texte übersetzen

Cuius	Quae	Quam	Quem	Qui	Quod

a) Rectina amica avunculo[1] litteras miserat. _____ periculum valde timebat.

[1] **avunculus**, i m. der Onkel

_____

_____

b) Rectina amica ab avunculo auxilium petivit. _____ statim consilium cepit amicae adesse.

_____

_____

c) Plinius ab avunculo librum acceperat. _____,legebat, postquam avunculus navem solvit.

_____

_____

d) Vox matris Plinium excitavit. _____ nubes atra perterruerat.

_____

_____

e) Mater clamavit periculum instare. _____ valde metuit.

_____

_____

f) Subito amicus avunculi accessit et monuit: „Fugite!" _____ verba matrem et filium moverunt: Statim fugerunt.

_____

_____

_____

7 **Latein lebt** – Erschließe die Bedeutung der folgenden italienischen Substantive, indem du die lateinischen Wörter nennst, von denen sie abgeleitet sind. Nenne dabei zu den lateinischen Wörtern den Genitiv und das Genus und erschließe dann, was die italienischen Wörter „il" und „la" bedeuten.

T · S · K · M
• die Bedeutung italienischer Wörter erschließen
• die Verwandtschaft lateinischer und italienischer Wörter erkennen

Italienisch	Bedeutung	lateinisches Wort mit Genitiv und Genus
la fiamma		
la lettera		
il libro		
il monte		
la natura		
la nave		
la notte		
la regione		

Lektion 18

1 **Gegensätze ziehen sich an** – Ergänze die fehlenden Buchstaben und ordne die lateinischen Vokabeln als Gegensatzpaare einander zu.

T · S · K · M
• die Bedeutung lateinischer Wörter angeben

Blaues Feld:
- bonus
- __ __ pius
- sal__ete
- f __ lix
- ex __ re
- ab__ __se
- tac __ r __
- hab __ __ __ __
- ant __ __ uus
- __ ccipere
- a __ ua
- in __ __ pere
- be __ __ um
- __ __ imicus
- __ __ cedere
- o __ nes
- apert __ __
- rog __ __ e
- n __ mq __ am

Oranges Feld:
- amic __ __
- nov __ __
- occ __ __tus
- nem __
- s __ mpe __
- d __ cere
- malus
- ca __ __ re
- f __ __ mma
- da __ e
- __ __ trare
- p __ x
- __ __ esse
- r __ __ pondere
- fi __ __ re
- __ __ __ cedere
- p __ us
- val __ t __
- trist __ s

bonus/malus – _____

_____

_____

_____

_____

_____

2 **Ein Kommen und Gehen** – Bilde die entsprechenden Formen von **ire** bzw. **venire** und übersetze jeweils die neu gebildete Form.

T · S · K · M
• Formen bilden

_____ ← venis

_____

iit → _____

_____

_____ ← venio

_____

ibam → _____

_____

_____ ← venerant

_____

ibimus → _____

_____

_____ ← veniebatis

_____

ite → _____

_____

_____ ← veniam

_____

istis → _____

_____

_____ ← venisse

_____

ieras → _____

3 **Stein auf Stein** – Bau den Tempel aus Formen von **ire** und seinen Komposita. Übersetze dazu die folgenden deutschen Verbformen ins Lateinische und setze diese Formen in die passenden Felder ein.

T • S • K • M
• Formen bilden

<u>Giebel:</u> auf sich nehmen – du gehst – ihr wart zugrunde gegangen
<u>Säulen:</u> er kehrt zurück – geh – ich bin gegangen – sie gehen – wir sind hinausgegangen
<u>Stufen:</u> du bist gegangen – geh hinaus – ich werde zurückkehren – sie haben auf sich genommen

4 **Binnendifferenzierende Aufgabe:** In Übung **II** musst du nach Kasus, Numerus und Genus passende Adjektive und Substantive einander zuordnen. Wenn du die Substantiv- und Adjektivformen der 3. Deklination und der a-/o-Deklination sicher beherrschst, erledige sofort **II** und danach die anspruchsvollere Aufgabe **III**. Wenn du bei den Nominalformen (vor allem den Adjektiven der 3. Deklination) noch unsicher bist, dann erledige vor **II** zunächst die einfachere Übung **I**. Wenn nötig, schlage dabei auch im Tabellarium und im Wortschatzverzeichnis des Schülerbandes nach.

T · S · K · M
• Lernprozesse ordnen

I: Bestimme die Adjektiv- und Substantivformen nach Kasus, Numerus und Genus und trage sie jeweils an der richtigen Stelle in die Tabelle ein. Die Zahlen in Klammern geben dir an, wie oft du die einzelnen Formen eintragen musst.

• Formen bestimmen
• lateinische Wörter grammatikalischen Kategorien zuweisen

	Singular			Plural		
	m.	**f.**	**n.**	**m.**	**f.**	**n.**
Nominativ	(Adj. 3. Dekl.)	(Adj. 3. Dekl.)	(Adj. 3. Dekl.)	(Adj. 3. Dekl.)	(Adj. 3. Dekl.)	(Adj. 3. Dekl.)
	(Subst. 3. Dekl.)	(Subst. a-Dekl.)	(Adj. a-/o-Dekl.)	(Adj. a-/o-Dekl.)	(Subst. a-Dekl.)	(Subst. o-Dekl.)
Genitiv	(Adj. 3. Dekl.)	(Adj. 3. Dekl.)	(Adj. 3. Dekl.)	(Adj. 3. Dekl.)	(Adj. 3. Dekl.)	(Adj. 3. Dekl.)
	(Adj. a-/o-Dekl.)	(Subst. a-Dekl.)	(Adj. a-/o-Dekl.)	(Subst. 3. Dekl.)	(Adj. a-/o-Dekl.)	(Subst. o-Dekl.)
Dativ	(Adj. 3. Dekl.)	(Adj. 3. Dekl.)	(Adj. 3. Dekl.)	(Adj. 3. Dekl.)	(Adj. 3. Dekl.)	(Adj. 3. Dekl.)
	(Subst. 3. Dekl.)	(Subst. a-Dekl.)	(Subst. 3. Dekl.)	(Subst. o-Dekl.)	(Subst. a-Dekl.)	(Subst. o-Dekl.)
Akkusativ	(Adj. 3. Dekl.)	(Adj. 3. Dekl.)	(Adj. 3. Dekl.)	(Adj. 3. Dekl.)	(Adj. 3. Dekl.)	(Adj. 3. Dekl.)
	(Adj. a-/o-Dekl.)	(Subst. a-Dekl.)	(Adj. a-/o-Dekl.)	(Adj. a-/o-Dekl.)	(Adj. a-/o-Dekl.)	(Subst. o-Dekl.)
Ablativ	(Adj. 3. Dekl.)	(Adj. 3. Dekl.)	(Adj. 3. Dekl.)	(Adj. 3. Dekl.)	(Adj. 3. Dekl.)	(Adj. 3. Dekl.)
	(Subst. 3. Dekl.)	(Subst. a-Dekl.)	(Subst. 3. Dekl.)	(Subst. o-Dekl.)	(Subst. a-Dekl.)	(Subst. o-Dekl.)

acer – acris (4) – amicam – boni (3) – corpori – curae (3) – egregium (3) – durarum – fratrum – grave (2) – gravibus (6) – immortali (6) – magnas – militi – miseros – natura (2) – negotiis (2) – nobilium (3) – nomine – omnem (2) – omnes (4) – puellis (2) – saxorum – senatore – sol – tristia (2) – verba (2) – viris (2)

II: Weise den Substantiven die passenden Adjektive zu und bestimme die Wendungen nach Kasus, Numerus und Genus. Setze die Wendungen in den Nominativ (behalte den Numerus bei) und übersetze dann.

| acer – bono – immortalium – felicis – magnae – malis – nobilia – novos – omne – omnem |

amicam _____ _____

_____

amici _____ _____

_____

animus _____ _____

_____

consilium _____ _____

_____

corporum _____ _____

_____

milite _____ _____

_____

naves _____ _____

_____

senatoribus _____ _____

_____

honores _____ _____

_____

verba _____ _____

_____

III: Setze in den Text die inhaltlich passenden Wendungen im erforderlichen Kasus, Numerus und Genus ein. Übersetze dann.

• Sätze zusammenstellen
• Texte übersetzen

> cinis altus – civis nobilis – cura acris – deus immortalis – felix – labor gravis –
> omnis regio – saevus – sol acer

a) Marcus patrem rogat: „Cur _____ subire debemus?

_____ non amo. Cur domum non redibimus? Hic

_____ non sumus."

_____

_____

_____

b) Iunia autem dicit: „Tace, Marce! Me _____ vexant, quia

Vesuvius mons _____ delevit.

_____

_____

_____

c) Cur _____ ei regioni non pepercerunt?

_____

_____

d) Plurimi cives periculum non effugerunt, etiam villae _____

sub _____ iacent

_____

_____

e) Puto deos nonnumquam etiam _____ esse."

_____

_____

Lektion 19

T · S · K · M
• Formen analysieren
• Formen bilden

1 **Velix, Nolix, Malix und Potix spielen Silbenpuzzle** – Bilde möglichst viele richtige Formen zu velle, malle, nolle und posse, indem du Puzzleteile aus den drei Haufen an die vier Anfangssilben fügst. Die Puzzleteile am Boden dürfen dabei mehrfach verwendet werden. Übersetze im Anschluss alle gebildeten Formen.

VO   NO   MA   PO

t   l   ss

eba   u

it   vis   es   lo   mus   isse   erat   unt   vult

_____

_____

_____

_____

_____

_____

_____

_____

_____

_____

_____

_____

_____

2 **Störenfried gesucht!** – Streiche jeweils das Wort, das inhaltlich nicht in die Reihe passt, und suche für die übrigen Wörter einen passenden deutschen Oberbegriff.

a) dens – umerus – oculus – saxum – lingua – corpus _____

b) primus – socius – quintus – quartus – septimus _____

c) soror – coniunx – frater – avus – senator – pater _____

d) mercator – fugere – forum – emere – basilica – agere _____

e) ponere – necare – perdere – delere – violare _____

3 **Binnendifferenzierende Aufgabe:** In Aufgabe **II** musst du Reflexivpronomina und nicht reflexive Pronomina im Text unterscheiden. Wenn du die Pronomina schon sicher beherrschst, erledige sofort Aufgabe **II** und versuche dich danach an der schwierigeren Aufgabe **III**. Wenn du dich mit den Pronomina noch unsicher fühlst, dann verschaffe dir vor **II** zunächst einen Überblick durch Übung **I**.

I: Überblick – Gib an, wer jeweils mit dem unterstrichenen Pronomen im Satz gemeint ist.

a) Bestia servus Iuniae et Marco de vita <u>sua</u> narrat. – Der Sklave Bestia erzählt Iunia und Marcus von seinem (Bestias) Leben.

b) Bestia dicit se familiam <u>suam</u> iam diu non vidisse. – Bestia sagt, dass er seine

   (_____) Familie schon lange nicht mehr gesehen hat.

c) Narrat se cum sociis pro patria <u>sua</u> contra Romanos pugnavisse et copiis <u>eorum</u> diu

   restitisse. – Er erzählt, dass er mit seinen Gefährten für seine (_____) Heimat

   gegen die Römer gekämpft hat und dass er ihren (_____) Truppen lange Wi-

   derstand geleistet hat.

d) Iunia et Marcus sciunt Bestiam servum multos annos gladiatorem¹ fuisse et magistros

   <u>eius</u> saevos fuisse. – Iunia und Marcus wissen, dass der Sklave Bestia viele Jahre lang ein

   Gladiator gewesen ist und seine (_____) Trainer grausam gewesen sind.

e) Iunia et Marcus vitam <u>eius</u> miseram esse, vitam autem <u>suam</u> felicem esse putant.

   – Iunia und Marcus glauben, dass sein (_____) Leben unglücklich ist, ihr

   (_____) Leben aber glücklich ist.

f) Avus Bestiam servum in foro emit. Bestia servus animum <u>eius</u> humanum esse putat. –

   Der Großvater hat den Sklaven Bestia auf dem Sklavenmarkt gekauft. Der Sklave Bestia glaubt,

   dass seine (_____) Gesinnung menschlich ist.

II: Verwirrende Familienverhältnisse – Unterstreiche die reflexiven Possessivpronomina und die Formen des Pronomens **is** (**ea**, **id**) mit je einer Farbe. Verbinde jedes Pronomen mit der Person, die damit gemeint ist, durch einen Pfeil und übersetze dann.

• sprachliche Einheiten analysieren
• Übersetzungstechniken anwenden
• Texte übersetzen

Iunia et Marcus cum patre avum visitant. Avus filium suum et pueros eius exspectat.

Tandem Lucius Nonius cum pueris suis villam avi intrat et avum et uxorem eius salutat.

Tum Lucius Nonius etiam servum novum patris sui videt. Servus tristis est, quia uxorem

suam et amicos suos desiderat. De fato eorum nihil audivit. Avus autem auxilio eius

gaudet.

_____

_____

_____

_____

_____

_____

_____

_____

_____

III: Pronomen statt Nomen! – Ersetze jeweils das Substantiv durch das passende reflexive oder nicht-reflexive Pronomen und übersetze dann.

• Zusammenhänge in Sätzen erkennen
• Sätze zusammenstellen
• Texte übersetzen

eos – eis – eorum – eum – id – se – se – se – sibi

Eutychus non ignorat _____ (Eutychum) felicem esse. Nam in urbe

magister est. Pueri Lucii Nonii _____ (Eutychum) valde amant. Alii

servi narrant _____ (servos) in arena pugnare. Sciunt _____

_____ (servis) magnum periculum instare. Sed _____

(periculum) effugere non possunt.

Etiam Cynthia serva contendit _____ (Cynthiam) domino et

dominae libenter[1] servire. Non ignorat plurimos servos et servas miseros esse, quod

domini in _____ (servos et servas) saevi sunt. Quamquam

imperiis _____ (dominorum) parere nolunt, _____

(dominis) resistere non temptant.

[1] **libenter** gern

_____

_____

(leere Linien)

4 **Iunias Pläne** – Unterstreiche jeweils die Person, die mit **se** gemeint ist, und übersetze dann. Markiere in deiner Übersetzung die unterschiedliche Wiedergabe von **se** im Deutschen und präge dir diese Möglichkeiten ein.

Iunia **secum** cogitat: Cynthia serva mihi explicavit **se** filiam servae esse. Eutychus narravit **se** quondam liberum fuisse. Ego in servitute vivere nolo. Dum domini somno **se** dant, servi prima luce negotia agere incipiunt. Eutychus et Cynthia sciunt **se** bonos dominos habere, tamen liberi esse malunt. Quondam eos servitute solvam!

Lektion 20

1 **In den Thermen** – Gib an, ob die folgenden Aussagen zum Lesestück der Lektion 20 richtig oder falsch sind, und markiere die entsprechenden Buchstaben. Diese ergeben einen Bereich der Thermen.

	richtig	falsch
In urbe Roma paucae thermae erant.	B	P
Graeci Romanis multas artes tradiderunt.	A	P
Romanos thermas invenisse audivimus.	O	L
Viri et feminae thermas adeunt.	A	D
In apodyterio vestes deponunt.	E	Y
Quas nemo custodit.	T	S
In thermis duae cellae sunt: cella frigidaria et cella caldaria.	E	T
Multi, qui in cellis otio se dederunt, palaestram adeunt.	R	B
Ibi dormiunt.	E	A

2 **In thermis pila ludimus** – Bilde jeweils die entsprechende Form im Futur I oder Futur II.

debebo → _____

_____ ← custodiveris

adiuvabit → _____

_____ ← invenerimus

ludetis → _____

_____ ← ambulaverint

emam → _____

_____ ← voluero

docebit → _____

_____ ← perdideris

3 **Binnendifferenzierende Aufgabe:** In Aufgabe **II** musst du Formen des Perfektstammes bilden. Wenn du die Tempora Perfekt, Plusquamperfekt und Futur II sicher beherrschst, erledige sofort Aufgabe **II** und versuche dich dann an der schwierigeren Aufgabe **III**. Wenn du dich bei den Formen des Perfektstammes noch unsicher fühlst, dann erledige vor Aufgabe **II** erst die einfachere Vorübung **I**.

T · S · K · M
• Lernprozesse ordnen

I: **Verb, Substantiv oder Adjektiv?** – Suche aus den folgenden Wörtern diejenigen heraus, die keine Verbform im Futur II sind, und bestimme sie nach KNG.

• Formen analysieren und bestimmen
• Wörter grammatikalischen Kategorien zuweisen

> adiero – adversario – animus – arserimus – decimus – dolis – dolueris – fueris – furis – imperaveritis – imperiis – laboraveris – laboris – nobilis – nolueris – paruero – pecoris – peperceris – puero – sederimus – septimus – terris – terrueris

_____

_____

_____

_____

_____

_____

_____

_____

_____

_____

_____

II: **Zeitenreise** – Bilde die jeweils fehlenden Formen des Perfektstammes.

• Formen bilden

Perfekt	Plusquamperfekt	Futur II
adierunt		
	egeram	
		doluerit
fuimus		
	imperaveratis	
		laboravero
noluisti		
	terruerant	
		debuerimus
sedit		

III: Auf dem Sklavenmarkt – Ergänze in den Nebensätzen das Prädikat in der richtigen Form (Person, Numerus, Tempus). Übersetze dann die Sätze.

• Formen bilden
• Sätze zusammenstellen
• Texte übersetzen

a) Avus in foro servos spectabat, quod servum fortem emere (velle).

_____

_____

b) Dum avus servos (spectare), mercator clamavit:

_____

_____

c) „Si servos meos (spectare), tibi certe placebunt.

_____

_____

d) Si unum e servis meis (emere), laetus eris."

_____

_____

e) Avus, postquam servos (spectare), dixit:

_____

_____

f) „Bestiam servum emam! Quamquam deformis[1] (esse), tamen eum fortem esse apparet."

[1] **deformis** hässlich

_____

_____

4 **Alea iacta est** – Schreibe die folgenden Würfelkombinationen, die auf der Oberfläche zu erkennen sind, und das Ergebnis jeweils mit lateinischen Zahlwörtern. Trage dann in die Klammern die entsprechenden römischen Zahlzeichen (im Neutrum) ein.

T • S • K • M
• Formen bilden

_____ et _____ sunt _____

(_____ + _____ = _____)

_____ et _____ sunt _____

(_____ + _____ = _____)

_____ et _____ sunt _____

(_____ + _____ = _____)

_____ et _____ sunt _____

(_____ + _____ = _____)

⚁ ⚁ _____ et _____ sunt _____

(_____ + _____ = _____)

⚅ ⚄ _____ et _____ sunt _____

(_____ + _____ = _____)

5 **Zwei oder Drei** – Ergänze bei den Substantiven die jeweils richtigen Formen der Zahlwörter.

T · S · K · M
• Formen bilden

II		III
	servi Graeci	
	carmina	
	cum … mercatoribus	
	feminis	
	poetas	
	cellarum	

6 **Zur Wiederholung** – Erstelle eine Lernkarteikarte zum Thema „Formen des Perfektstamms" (vgl. im Schülerband, S. 118/119): Gehe dabei von der folgenden Musterkarte aus und ergänze diese. Halte dann mit Hilfe deiner Karte vor deinen Mitschülern einen kurzen Vortrag zu diesem Grammatikthema. Vergleicht gemeinsam in der Klasse mehrere Vorträge und diskutiert, worin die Stärken der Präsentation lagen und wo es Verbesserungsbedarf gibt.

T · S · K · M
• die Bedeutung der Wortbestandteile erfassen
• Lerntechniken anwenden

Formen des Perfektstamms

Perfekt: **Perfektstamm** + _____

Plusquamperfekt: **Perfektstamm** + Endung -eram, -eras, -erat, … usw. _____

_____ : **Perfektstamm** + _____

_____ : **Perfektstamm** + Endung -isse _____

Arten der Perfektbildung: v-Perfekt: z. B. vocare, voco, **vocavi** _____

u-Perfekt: z. B. _____ Perfekt von esse: _____

_____ _____

_____ _____

Das kann ich schon!

(Zu den Abkürzungen siehe S. 3)

Arbeit mit lateinischen Texten und der lateinischen Sprache

Lektionen	meine Kompetenzen	sicher	teilweise sicher	nicht sicher	weitere Informationen/ geeignete Übungen (Auswahl)
	Texte				
	Ich kann lateinische Texte ins Deutsche übersetzen.	☐	☐	☐	**SB** alle L-Texte; EÜ16.2, Ü16.4, Ü17.3, Ü18.4 (III), Ü19.3, Ü20.5, P16–20 (S. 117) **AH** 16.1, 16.4, 16.5, 17.6, 19.3 (II, III), 19.4, 20.3 (III)
	Ich kann die Inhalte von Texten verstehen und wiedergeben.	☐	☐	☐	**SB** Ü16.1, Ü17.1, Ü18.1, Ü 19.1, Ü 20.1 **AH** 20.1
	Wortschatz				
	Ich kann zu den bisher gelernten lateinischen Vokabeln die deutschen Bedeutungen angeben und davon ausgehend unbekannte Vokabeln erschließen.	☐	☐	☐	**SB** alle W-Teile; P16–20 (S. 119) **AH** 18.1
	Ich kann die Vokabeln nach Wortarten ordnen.	☐	☐	☐	**SB** Ü20.2 **AH** 17.2, 20.3 (I)
	Ich kann Vokabeln nach Wortfeldern, Sachfeldern oder Wortfamilien ordnen.	☐	☐	☐	**SB** P16–20 (S. 119) **AH** 19.2
	Ich kann bei mehrdeutigen lateinischen Wörtern die zum Kontext passende deutsche Bedeutung auswählen.	☐	☐	☐	**SB** Ü18.4
	Ich kann die Verwandtschaft zwischen lateinischen und deutschen Wörtern erkennen und die Bedeutung deutscher Lehn- und Fremdwörter erschließen.	☐	☐	☐	**SB** Ü20.3
	Ich kann die Verwandtschaft zwischen lateinischen und italienischen Wörtern erkennen und dadurch die Bedeutung italienischer Wörter erschließen.	☐	☐	☐	**SB** Ü19.4, Ü20.3 **AH** 17.7
	Grammatik: Formenlehre				
16, 17	Ich kann sämtliche Arten der Perfektbildung erkennen und zu allen bekannten Verben die Stammformen angeben.	☐	☐	☐	**SB** Ü16.6, EÜ20.1 **AH** 16.3, 17.4 (I, III), 20.6

Lektionen	meine Kompetenzen	sicher	teilweise sicher	nicht sicher	weitere Informationen/ geeignete Übungen (Auswahl)
	Ich kann die Formen des Präsens- und des Perfektstammes unterscheiden.	☐	☐	☐	**SB** EÜ20.1, Ü20.4, P16 – 20 (S. 116) **AH** 16.3, 17.4, 20.3 (II), 20.6
17	Ich kann die Formen des Futur I bei Verben aller Konjugationsklassen erkennen, bilden und übersetzen.	☐	☐	☐	**SB** EÜ17.1, EÜ17.2, Ü17.2, Ü20.5 **AH** 17.1, 17.3, 20.2
20	Ich kann die Formen des Futur II bei Verben aller Konjugationsklassen erkennen, bilden und übersetzen.	☐	☐	☐	**SB** EÜ20.1, EÜ20.2, Ü20.2, Ü20.5 **AH** 20.2, 20.3
18	Ich kann die Formen von ire und Komposita in allen Tempora erkennen und bilden.	☐	☐	☐	**SB** EÜ18.1, Ü18.2, P16 – 20 (S. 116) **AH** 18.2, 18.3
19	Ich kann die Formen von velle, nolle, malle in allen Tempora erkennen und bilden.	☐	☐	☐	**SB** EÜ19.1, EÜ19.2, Ü19.2, EÜ20.3, P16 – 20 (S. 116) **AH** 19.1
16	Ich kann die Formen der i-Stämme von Substantiven der 3. Deklination erkennen und bilden.	☐	☐	☐	**SB** Ü16.5 **AH** 16.2
18	Ich kann die Formen von Adjektiven der 3. Deklination erkennen und bilden.	☐	☐	☐	**SB** EÜ18.2, EÜ18.3, Ü18.3 **AH** 18.4
16	Ich kann die Formen des Relativpronomens erkennen und bilden.	☐	☐	☐	**SB** EÜ16.1, 16.2, Ü16.3, Ü16.4 **AH** 16.1, 16.4, 17.5
19	Ich kann die Formen des Reflexiv- und des Possessivpronomens der 3. Person erkennen, bilden und übersetzen.	☐	☐	☐	**SB** Ü19.3 **AH** 19.3, 19.4
20	Ich kann lateinische Grund- und Ordnungszahlen (1 – 12) unterscheiden und übersetzen.	☐	☐	☐	**SB** Ü20.3 **AH** 20.4, 20.5
Grammatik: Satzlehre					
16	Ich kann Relativsätze erkennen, bilden und übersetzen.	☐	☐	☐	**SB** EÜ16.2, Ü16.2, Ü16.4 **AH** 16.1, 16.4, 17.5
17	Ich kann den relativen Satzanschluss erkennen, bilden und übersetzen.	☐	☐	☐	**SB** Ü17.3 **AH** 17.6
	Ich kann lateinische Wortverbindungen und Sätze zusammenstellen.	☐	☐	☐	**SB** alle deutsch-lateinischen Übersetzungstexte; EÜ16.2, Ü16.4, Ü17.3, EÜ18.3, Ü18.3, Ü19.3, Ü20.5 **AH** 16.2, 16.4 (II, III), 17.6, 18.4 (II, III), 19.3 (III), 20.3 (III)

Lektionen	meine Kompetenzen	sicher	teilweise sicher	nicht sicher	weitere Informationen/ geeignete Übungen (Auswahl)
	Methodik				
	Ich kann einzelne Inhalte von Texten (auch ohne genaue Übersetzung) herausarbeiten.	☐	☐	☐	**SB** Ü16.1, Ü17.1, Ü18.1, Ü19.1, Ü20.1 **AH** 20.1
	Ich kann bei der Bearbeitung binnen-differenzierender Aufgaben feststellen, bei welchen Themen ich noch zusätzlich üben muss.	☐	☐	☐	**SB** Ü17.2, Ü18.2, P16 – 20 (S. 116) **AH** 16.4, 17.4, 18.4, 19.3, 20.3
	Ich kann verschiedene Lerntechniken (Karteikarte, Lernposter usw.) anwenden, um wichtige Inhalte der Grammatik zusammenzufassen und mir einzuprägen.	☐	☐	☐	**SB** P16 – 20 (S. 118/119) **AH** 20.6
	Ich kann verschiedene Hilfsmittel zum Recherchieren nutzen.	☐	☐	☐	**SB** K16 (mit Arbeitsauftrag), Ü16.7, K18 (mit Arbeits-auftrag), GW16 – 20 (mit Arbeitsaufträgen S. 115)
	Ich kann Arbeitsergebnisse auf verschiedene Weisen präsentieren.	☐	☐	☐	**SB** K16 (mit Arbeitsauftrag), Ü17.4, GW16 – 20 (mit Arbeitsauftrag S. 115)

Arbeit mit der antiken Kultur (vgl. auch die Grundwissensseiten 114/115)

Lektionen	meine Kompetenzen	sicher	teilweise sicher	nicht sicher	weitere Informationen/ geeignete Übungen (Auswahl)
	Ich kann einige lateinische Inschriften in das römische Alltagsleben einordnen.	☐	☐	☐	**SB** AD16 – 20 (mit Arbeitsauf-trag S. 92)
	Ich kann wichtige Abkürzungen in lateinischen Inschriften auflösen.	☐	☐	☐	**SB** AD16 – 20 (mit Arbeitsauf-trag S. 93)
16	Ich kann wichtige Ereignisse beim Vesuvausbruch des Jahres 79 n. Chr. beschreiben.	☐	☐	☐	**SB** K16 (mit Arbeitsauftrag), Ü16.7
17	Ich kann erklären, warum die Katastrophe des Vesuvausbruches im Jahr 79 n. Chr. für unsere Kenntnisse vom römischen Alltagsleben sehr wertvoll ist.	☐	☐	☐	**SB** AD16 – 20, K17 (mit Arbeits-auftrag), Ü17.4, GW16 – 20 (mit Arbeitsauftrag S. 115)
16, 17	Ich kann erläutern, wie sich jeweils Plinius der Ältere und Plinius der Jüngere beim Vesuvausbruch des Jahres 79 n. Chr. verhalten haben.	☐	☐	☐	**SB** K16, L 16, L17, Ü17.1
18	Ich kann den Begriff „Magna Graecia" erklären und den Einfluss der Griechen auf die römische Kultur in Süditalien erläutern.	☐	☐	☐	**SB** K18 (mit Arbeitsauftrag), Ü18.5, K20

Lektionen	meine Kompetenzen	sicher	teilweise sicher	nicht sicher	weitere Informationen/ geeignete Übungen (Auswahl)
18	Ich kann weitere wichtige griechische und römische Gottheiten (Bacchus) erkennen und angeben, wofür sie zuständig waren.	☐	☐	☐	**SB** K18 (mit Arbeitsauftrag), L18, Ü18.1; Zusammenfassung S. 120/121
19	Ich kann die rechtliche Stellung und wichtige Tätigkeiten von Sklaven in Rom erklären.	☐	☐	☐	**SB** K19 (mit Arbeitsauftrag), L19, Ü19.1, Ü19.5
20	Ich kann den Begriff „Thermen" erklären und die Funktion dieser Anlage erläutern.	☐	☐	☐	**SB** K20, L20, Ü20.1, GW16–20 (mit Arbeitsauftrag S. 114/115) **AH** 20.1